河合ブックレット 42

河合文化教育研究所

渡辺京二

夢と一生

もくじ

夢と一生

河合文化教育研究所主任研究員会議での著者。
窓の外は京都御所蛤御門の木々の緑。

熊本での子ども時代

私は昭和五年（一九三〇年）の生まれです。昭和五年といったら犬養毅が殺された五・一五事件の二年前なんですね。そして、翌昭和六年が満洲事変です。もちろん、生まれたばっかりだからそういうことは知らないんだけど、そういう時代だったんですね。

ぼくがものごころついたのは早くて、だいたい小学校に上がる一年ぐらい前から本を読みだしているわけです。自分で言うのもおかしいけど、非常に早かった。うちの母は特に教育ママというわけでもないし、姉たちが何かを教えたわけでもない。しかし、小学校上がる前に、何か知らんけど、漢字を覚えちゃったんですね。それで、小学校に上がる前から『少年倶楽部』を読んでいたんですよ。自分でもちょっとあきれるんですが。

ぼくの親父は無声映画の弁士をしておりまして、ふりだしが熊本で、次が博多。それから今度は京都。日活という映画会社がありまして、そこの専属になって京都に行ったんです。その頃が親父の、若い時の全盛時代だったわけです。

でも、トーキーが出てきて活動弁士が必要なくなったでしょう。それで親父は職業を転身しなきゃならなくなった。だから彼は単身で大連に行ったんですよ。まあ、大連に友達がいたんでしょうけど。それで映画館の経営であるとか、当時、興行と言ってましたけど、いろんな芸人、たとえば講談師であるとか、浪花節語りであるとか、あるいは映画スターであるとか、そういう人を連れて、ずうっと各都市に巡業を打ってまわるわけです。そういうふうな映画界の仕事を、大連で始めたわけです。親父が大連に行ったので、ぼくらは母親の郷里の熊本市に京都から移ったわけです。それが、私が数え歳三つぐらいの時、昭和七年ぐらいじゃないかと思うんです。

その頃のうちの家庭構成は――親父はそんなふうに大連にいるから、幼い時から親父の顔は知らないわけです。京都にいっしょにいた時はぼくは数え歳三つぐらいだったから――母がいて、兄がいて、姉が二人いて、ぼくは末っ子だったわけです。ところでその兄っていうのがぼくより一二歳年上なんですね。何で、一二も歳が離れてるのか？　いちばん上の姉がぼくと三つ違いですから、兄はいちばん上の姉とも九歳違うことになる。だから「何でそんなに離れているのか？」という疑問を起こさないのが不思議ですが、まったく自分の兄だと信じていたわけです。これはお袋が偉いところで、その兄は、父が二十歳の時に芸者に産ませた子なんですよ。

うちの親父は、熊本の菊池の百姓の出だけれども、自分の母親、爺さんといっしょに朝鮮に早く出たらしいんですよ。とにかく親父は京城で育っているんです。小学校の後は、電気関係の職業学校を出ている。だから電気のことは詳しくて、うちで電気で故障があると自分で全部直していました。それで何で弁士になったかはわかりませんが、弁士としてのふりだしが熊本で、その時にうちの母親と結婚したんです。どういうことで知り会ったかは知りませんが、うちの母は――自分で言ったらおかしいけど――別嬪だったので、その別嬪に惚れたんでしょうね。

ところが、うちの母が嫁に行ったらすでに子どもがいた。その、芸者に産ませた子がいた。まだ小さくて四つ、五つぐらいだったんじゃないですか。ぼくの兄は、自分を産んだ母親のことはしっかり覚えていてね。ものごころがつかない赤ちゃんの時から育てられていたら、私の母を実母だと思ったかもしれないけれど、実母じゃないってことはよく知っていたわけです。母は、そういう兄を、ぼくらにはまったく実の兄だと思わせて育てた。まあ、うちの母の根性というか。そういう生活をしていたんですよ。

そしたら昭和一一年（一九三六年）に、親父が初めて大連から自分の熊本の家族を訪ねて来た。その時兄貴は旧制熊本中学の中学生でした。それで親父が帰ってきた時、ぼくがえらい大歓迎をしたらしいんです。小学校に上がる前の年です。うちの親父がうちに入る時に、ぼくが親父の腰を押して家に入れたというので、親父は感激してしまってね。

その時、新聞に「クーデター勃発」という大きな見出しがあった。二・二六事件です。だからちょうど、親父が帰ってきた時が二月の二七日だったんじゃないですかね。新聞に「クーデター勃発」と大きく出ていて、それをぼくが、「クーデター発動」と読んだんです。「勃」という字が読めないから自分で勝手に「発動」って、「クーデター発動」って読んだと言うんですよ、ぼくは記憶がないけど。で、親父は、「うーん、こやつは天才だ」なんて思ったっていうんだけど。それが昭和一一年の二月ですから、ぼくは小学校に上がる前に漢字がすでに読めていたんですね。

熊本では上通《かみとおり》というのがいちばんの繁華街で、その上通からちょっと切れ込んだ路地に、上林《かんばやし》という地名があって、ぼくはその上林町で育ったんです。上林暁って小説家がいるでしょう。彼は五高（旧制第五高等学校）生の時、小説を書きだして、そのころちょうどこの上林町に下宿していたからそれで上林というペンネームにしたわけです。うちがあったところは上林町のいまはアークホテルというホテルの敷地になってしまっています。

ぼくの住んでいたうちは門構えなんかない、ささやかな家屋でしたが、ちょうどうちの正面に門構えのある立派な家があって、それは当時警察官をしていた人の家なんですが、その人は、戦後、熊本の消防局の局長になった人です。そこの家に当時中学生のお兄ちゃんがいて、ぼくはそのお兄ちゃんから可愛がられてね。その家に遊びに行くと、そのお兄ちゃんが『少年倶楽部』を読んでいた。だからぼくもそれを読むようになったわけです。『少年倶楽部』には江戸川乱歩の「少年探偵団」とかそういうのが載っていた時代で、それが面白くてね。だから、うちで字を習った覚えもないのに、小学校に上がる前から、ぼくはそういう『少年倶楽部』なんかを読んでいたわけです。

ぼくは翌年の昭和一二年（一九三七年）に小学校に上がったんですが、その年の七月七日に盧溝橋事件があって、日中戦争が始まった。要するにぼくが言いたいのは、昭和の初期、つまりぼくが生まれたころは、共産党の運動というのがすでに非合法化されてはいたけども、左翼がまだ影響力を持っていた時代だったんです。『戦旗』というプロレタリア文学運動の機関誌があるでしょう。『戦旗』なんかは当時非常に売れた本で、小林多喜二とか徳永直とか、そういう作家たちの作品を出してて、このころは左翼が一つの影響力をもった時代なんです。たとえば当時銀座ではモダンボーイ、モダンガールという、つまり「モボ」「モガ」は、この『戦旗』を小脇に挟んでいるのが流行の先端だ、みたいな、そういう時代が昭和の初めにあったんです。

ところがぼくがものごころついた昭和一一年頃にはまったくその気配が消えていた。つまり左翼の転向の時代が終わっていて、ぼくが育った頃は、まったく満洲事変以降の軍国主義時代です。そういう中で、ぼくは小学生の時から、たとえばムッソリーニとかヒトラーなんかの伝記を読んでいたんです。当時は少年向けにそういう伝記がいくつも書かれていた。ちょうど日・独・伊の三国同盟が結ばれようとしていた時期で、三国同盟の前の防共協定、ドイツと日本との間に防共協定というのが結ばれたのが昭和一二年、ぼくが小学生一年の時です。一方では、今でも覚えているんですけど、『少年倶楽部』だったかどうかは覚えていないんですけど、スペイン戦争が漫画になってたんです。その漫画は、スペイン戦争の共和派に同情的な、そういう漫画でした。でも、全体としては、ナチス・ドイツがもてはやされる。そういう時代ですから、小学校一年の時から日本の軍国主義的な風潮というものの中にぼくはどっぷりと浸かって、それが当たり前で育っていったわけです。

北京から大連の小学校へ——初めてのいじめの洗礼

ぼくは、小学校二年の時に北京に行ったんですね。それで昭和一三年、一四年（一九三八年、三九年）と北京で暮らしたんです。そのころ北京で親父が映画館の支配人をやっていて、ぼくらを呼び寄せたわけです。「光陸」という映画館で、館主は別にいたんだけど、館主は何もしない。ぼくの親父が支配人で、全部仕切っていたわけです。

うちの家は、映画館の構内の庭に建物が建っていて、その建物がわが家だったから、つまり家の隣が映画館だったから、ぼくは毎日映画を観ていた。当時は二本立てです。だから当時の日本映画をぼくは全部観ている。『愛染かつら』の時代で、今でも観た映画、覚えています。

北京にいた時というのは、要するに日中戦争がすでに前年に始まっているわけです。その翌年にぼくは北京に行ったんですが、北京の街はまったく平和でした。つまり中国人というのは異国人、異民族の支配というものにずーっと慣れているので、だから表立って反日的なものを出さない。だから中国人から、日本人に対する反感とかいやがらせみたいなものを、北京で感じ取ったことは一度もなかったんですね。

それから、昭和一五年（一九四〇年）に親父がその映画館をやめて北京から大連に移った。何で移ったかというと、北京で「光陸」は日本映画を上映する映画館としてはナンバーワンだった。これは、竹内好の『北京日記』にも光陸の名前が出てくる。彼は光陸で映画を観る時があったわけです。北京にはもう一軒日本映画をやる映画館がありまして、それを親父が買おうとしたんです。ところが、買おうとしたら競争相手のバックについているのが、大杉栄一家を殺した甘粕正彦なんです。甘粕は当時満映（満洲映画協会）の理事長で、満映だけではなくて、満洲国を支配していましたからね。親父が買おうとした映画館の競争相手のバックについているのが甘粕だったわけで、相手が悪かったわけです。で、親父はその映画館を買うのに失敗して、やっぱり光陸にも何となく居づらくなったんでしょう。それでやめて、北京から大連に移ったんです。

大連に移って、大連で通った小学校は、簡単に言うと、南山麓《なんざんろく》という大連でいちばんのブルジョワ街にあったんですよ。大連のブルジョワの凄いっていったら、南山麓は全部立派な洋館でした。つまり大連というところは、そもそも、冬は零下一七、一八度まで下がるところだから、日本風の家屋なんかじゃとても暮らせないわけです。だいたい日本人街はどこでも、どういうところでも水洗便所、ガス、だったんです。つまり、日本内地では、昭和二〇年（一九四五年）以後、戦後になってはじめて県営アパートとか市営アパートができて、そこで初めて水洗便所、ガス付きとかになったわけですが、それが大連ではすでに戦前から実現されていた。大連で水洗便所なしで、汲み取り便所なんかだったら、カンカンに固まっちゃって大変なことになるから、そういうことはできないんです。

そのなかでも南山麓にはブルジョワの素晴らしい洋館が建ち並び、金持ちが住んでいて、ぼくが行った南山麓小学校は、そういう金持ちの子弟が通う学校だった。たとえば、その金持ちの同級生の家へ遊びに行くでしょう。そうするとアイスティーが出てくる。アイスティーはわが家でも飲んでいるわけですが、うちにある冷蔵庫は木造冷蔵庫で、戦後日本にもしばらくあった、氷を買ってきて上の段に収納してそれで全体を冷やすものだった。だからアイスティーをつくる時は、その氷を包丁か何かでぶち割ってアイスティーをつくるわけです。ところがブルジョワの同級生の家に遊びに行くと氷が四角い。真四角なの。何で真四角なのかなぁってぼくは不思議だった。要するに電気冷蔵庫なんですね。電気冷蔵庫で氷がトレイに入っているわけ。だから氷が四角い。つまり、冷蔵庫がアメリカのウェスティングハウスの巨大な電気冷蔵庫だったんです。当時、日本で電気冷蔵庫なんてつくるところなかったからね。蓄音機も、うちにある蓄音機は普通にあるハンドル回すやつなんです。平らなトランクみたいで、開けると、レコードをかける盤があって、そしてハンドルを回してレコードを載せる、と。ところが、時間がたつとだんだん曲の調子が間延びしてくる。そうするとあわててまたハンドルを回す。うちではそういう蓄音機だった。ところが、ブルジョワの家のは電蓄（電気蓄音機）なんだ。そのころ日本に電蓄なんてつくっているところはないわけです。だからブルジョワといったって桁が違った。

その小学校のそのブルジョワの子弟が、これが底意地が悪いんです。ぼくはそれまで、熊本で小学校一年を過ごして、北京で小学校二年、三年やったんですが、学校で友達との間でトラブったりいやな思いしたことは一度もなかった。ところが大連のその小学校では、ぼくは生意気だ、ってことになってにらまれちゃったわけです。ぼくのクラスは、ブルジョワの子弟でひとり勉強ができるやつがいて、これが級長。もうひとりが体が大きくて喧嘩大将でこれが副級長。この二人がクラスを支配していて、その取り巻きが一〇人ぐらいいるわけです。おそらく幼稚園からずーっといっしょに来ているブルジョワの連中です。

ところがぼくのクラスにはもう一つ、満鉄（南満洲鉄道株式会社）の労働者街も校区に含まれていた。つまりぼくの小学校には、南山麓のブルジョワ街と同時に、ちょっと離れたところにある満鉄の労働者の住宅があって、そこの子弟も来ていた。つまりクラスが二つの階級に分かれている。ブルジョワの十数人のやつがクラスを支配していて、労働者街の連中はもう被支配階級なんです。この級長の勉強できるやつは、これが小太りで貫録があって、勉強だけでなく全部できるタイプで、絵も上手、習字も上手、音楽も上手、体操も上手なのね。

ところが、クラスの中の労働者街の子どもで、ひとり非常に悪童だということで、クラスでつまはじきになっている子がいた。ぼくはその子に同情して、その子は悪い子じゃないんだってことを、馬鹿だから正直に作文に書くわけです。それを担任の先生がクラスのみんなに披露してほめそやしたわけです。そうすると、たちまちあいつは生意気だってことになって、ブルジョワ連中から睨まれる。それと、ぼくは自分の口で言うたら悪いけど、勉強はできたから、二学期だか三学期になってから、級長にさせられちゃったわけです。当時は、試験でいちばん成績の良いのが級長になる。つまり、クラスを支配しているのは従来学科試験では一番だった難波って男だけど、この難波よりも、基本的な科目ではぼくの方が成績は上になったので、ぼくは級長させられたんです。すると、もうブルジョワ連中がおさまらないわけですね。

たとえば先生が、「次は体育の時間だからみんなを体育館に集めとけ」、とぼくに言うでしょ。で、ぼくがみんなに集まれって言う。ところが体育館に行ってみると誰も来ていないわけです。

つまり、難波の連中が「渡辺の言うことは聞くな」って根回ししているので、だから誰も来ない。「集めとけって言ったじゃないか」って、担任からは怒られる。そういうことが、ぼくが級長になってから一学期ぐらい続きました。その時は、まあ、泣くような思いでした。学校の帰り、ぼくは公園に寄って、そこで少し自分の気持ちを取り戻してから帰る。泣き顔してうちに帰るわけにはいかないので、公園に寄るわけです。公園に座って、周りの木を見ると、木が語りかけてくれるんです。「学校だけが世界じゃないのよ、おれがいるじゃないか、見てごらん、おれを」って。木が言っているような気持ちになって、そこで自分の気持ちを取り戻してから、うちに帰りました。だからお袋はぼくが学校でそんな目にあったってことはまったく知らないはずです。

だけど、その後、難波とぼくとはずっと交代交代で級長しあったんだけど、後では彼らはぼくを受け入れてくれたんです。つまり、ぼくには、彼らにとって代わってクラスを支配しようなんて気がないってわかったんですね。別に恐れるに足らないということがわかってきた。だから、後では、ぼくが級長になっても問題はなかったわけですけどね。

軍国主義教育の旧制大連一中

小学五年生の一二月八日、太平洋戦争が始まった。当時の小学校というのは、日中戦争の間はそれほど影響がなかった。ところが、昭和一六年（一九四一年）にいわゆる太平洋戦争が始まる——実質的には、五年の三学期と六年生いっぱいですが——と、そうしたら学校の締め付けがどんどんひどくなってきたんです。勤労奉仕で労働もさせられる。当時の学校の雰囲気というのは、たとえば、とにかく明治天皇が生まれた明治節とか、紀元節とか、天長節とか、そういうふうに天皇の祭祀となる四つの節がありまして、その日は、大連の忠霊塔に学校で参拝するんです。こっちは級長だから、その時は大きな旗をバンドにさして先頭に立って持っていかねばならない。その旗といったら自分の身長の倍ぐらいある旗なんですよ。それが、子ども心に嫌いでした。そして、この何々節という行事がある時は必ず講堂に集まって教育勅語の朗読がある。「朕惟フニ我カ皇祖皇宗……」って校長さんがやるわけです。それが本当に嫌いだった。

小学校の時はもちろん、おもしろいことや楽しいこともいっぱいあったんだけど、そういう戦争の締め付けがだんだん強くなっていったわけです。当時小学校で相撲をとらせるでしょう。ぼくは相撲が強かった。体は大きい方じゃなかったけど、機敏だった。そして、ぼくの相撲はだいたい上突っ張りなんです。突っ張り、上突っ張り。そして相手の体を起こして、相手のバンド、まわしをとって上手投げ。それが得意だった。わりと運動能力があって、大連の小学校の時は学校代表の対抗試合に出る相撲選手五人の一人だったんです。剣道もそうだった。剣道も、小学校六年の時に関東州の小学校の剣道大会がありまして、決勝戦までいったんです。代表は五人で、勝ち抜き戦じゃなくて、一対一でいって。優勝戦は負けて、準優勝になった。だけど、ぼくは二番手か三番手だったんだけど、自分の番は全部勝った。剣道は強かった。そして走るのも早かった。四〇〇メートルリレーでも、大連市の対抗試合で優勝したんです。だからぼくは割と、運動は得意だったんです。

中学に入ったら——中学はちょうど昭和一八年の春に大連一中に入ったんですが——もう当時は戦

争中だから、まったく軍国調なんです。中でも当時、幼年学校があって、幼年学校っていうのは、陸軍の士官になろうと思えば、士官学校に行くんですけど、士官学校というのは中学校の四年からしか受けられない。ところが幼年学校は中学校の二年を終えたら行ける。つまり、幼年学校というのは士官学校の予備校なわけです。中学では、この士官学校の真似をして、各学級のことを「区隊」と言っていました。それでクラスの級長のことを、「区隊幹部」って言ったんです。

大連一中は、大連の各小学校の成績のいちばん良いのが入ってくるわけです。ぼくが中学に入った時は、それまでは旧制中学というのはペーパー試験の入試があったんですが、それが戦争中だからなくなったわけです。ですから小学校からの内申書だけで、最初の区隊幹部を決めたわけです。だから、難波は、クラスが別だったけどともかく内申書で区隊幹部になった。ぼくは区隊幹部でもなんでもなかった。

ところが、大連一中で一学期が終わって、期末考査――大連一中というところは、構えはもう完全に軍国主義で、級長のことを区隊幹部って言っているくせに、やっていることは相変わらず、旧制高校の受験戦争のための受験校で、成績本位です――だから、一学期の期末試験が終わったら成績の良い順に学年の一〇番以内に入った者の名前を廊下に貼り出すんです。ぼくはちゃんとそこに七番で入っていました。難波という、有力者の息子で威張っていた彼は、一学期は区隊幹部だったんだけど、この試験で一〇番に入ってなくて名前が出なかった。喧嘩大将の鈴木も、大連一中に来てからは借りて来た猫のようになった。つまり、ブルジョワ学校の喧嘩大将っていったって大したことないんです。

ほかの学校から、強いやつがいっぱい来たわけですよ。だからしゅーんとなって、借りて来た猫みたいになりました。これは、ぼくには教訓でした。世の中は広いんだと思った（笑）。

そういうわけで、ぼくは、中学一年生の二学期から区隊幹部にさせられて、三年生いっぱいくらいまでずっと区隊幹部でした。そうしたら、これは大変なんです。要するに、当時は全体が軍国主義調ですから、上級生から殴られる。教員からも殴られる。もう、それが日常のことです。小学校の時は担任の教員から叩かれたのは一度だけありましたけど、それはこっちが悪いわけです。それ以外叩かれたことなんかなかった。それが大連一中に行ったらもう、上級生から打たれる、殴られる。教員からは殴られる。だから強くなりましたね。何かあれば、すぐ「区隊幹部前に出ろ」って、こうくるわけです。「区隊幹部は前に出ろ」。つまり、前に出て代表で殴られないといけないわけです。

そしてもう、とにかく勤労奉仕ばっかりやらされた。大連は星が浦という有名な海水浴場がありまして、そしてその裏の山手の方が、広大な満鉄のゴルフ場だった。ゴルフっていうのは戦後になって市民生活の中に入ってきたんですが、戦前は庶民のものではなかった。もちろん戦前でも日本の上流階級はゴルフをしていたけど、庶民のものじゃなかったんですね。ところが、大連は違って、広大なゴルフ場があった。ぼくたちはその広大なゴルフ場を耕して、ピーナッツを植えさせられたんです。広大なゴルフ場をピーナッツ畑にした。要するにそういうことをやらされて、中学三年になると、今度は工場動員です。大連には満鉄鉄道工場というのがありまして、これは広大な工場なんです。そこの工場に行かされました。授業は週に一日だけで、後は全部勤労奉仕。そして、昭和二〇年、中学三年の夏に敗戦になったんです。

その間、ずっとぼくは、日本のいわゆる昭和ファシズム、ふつう昭和ファシズムとか昭和の軍国主義とかいわれていますが、そのただなかで少年時代を過ごしてきたわけです。そして、学校生活自体の中にあるいろいろな窮屈さ、軍国主義的な教育の窮屈さみたいなのがいやでたまりませんでした。

清らかで美しい正義の国としての祖国

ただ、植民地にいると、祖国が美しく見えるわけです——特に大連に行ってからですが——祖国といっても、ぼくは小さい時、小学校一年までそこにいたわけですから、日本のことも知ってるわけですが、ただ街っ子だったので、田舎に行ったことなんてぜんぜんなかった。そういうわけで、自分の意識のなかでは、祖国とは桜の咲く美しい理想郷なんです。

理想郷とはどういうことかというと、つまり、日本というのは正直な国である、心が清い国である、とても素直で、心がきれいな国である、というふうに子ども心に思っていました。祖国というのが非常に清らかで美しいものに見える。そして、当時は「古事記」とか、そういうものにある古代神話を小さいときから叩き込まれていましたから、日本というのは要するに古くから非常に正直な、清いまごころをもった国なんだ、というふうに思っていたんです。それにくらべると、アメリカとかイギリスとか、そういう国の連中は腹黒い。あいつらは全部、腹黒い国である。ところが日本という国は、一人の国民も不幸なものがあってはならない。天皇さんがちゃんと見ている。国民の中に一人でも、不正に泣くようなものがあってはならない。そんなふうに天皇さんが見ている国なんだと。つまり日本というのは、そういう正義を行なおうとしている国で、その正義というものを世界に実現しようとしているんだ。日中戦争も何で起こるかというと、要するに、蒋介石がアメリカ、イギリスにそそのかされるからやっているということなんですよ。

大連の中国人は、日本人に対してあんまり反感を示すことがなかったんです。要するに日本の植民地統治がうまくいっていたわけです。日本の植民地統治でいちばんうまくいかなかったのは朝鮮です。台湾はわり方うまいこといった。関東州っていうのもわりとうまくいったんですよ。ぼくは街に出て、しょっちゅう中国人の店に行った。たとえば床屋さんは全部中国人で、毎月散髪に行くのは中国人の床屋さんだった。そして、ヤンチョ——人力車ですね。「洋車」と書いてヤンチョと読むんですけど——それに乗ると、中国人が引っ張ってるわけです。

学校では、「中国人も朝鮮人も同じ日本国民である、差別はしてはならない」って習うわけです。同級生に朝鮮人がいたし、中国人がいた。中国人の子は、大変お金持ちの中国人の子で、ぼくと仲良しで、誕生日に遊びに行くとふだん着ている洋服ではなくて、満洲服を着て出てくるんですよ。お椀みたいな帽子被って、袖にこうやって手を突っ込んでね。その子はクラスの人気者でした。安《あん》君っていって、中国人に安という名前はないそうだから、満洲貴族だったんですね。とにかくクラスの人気者で、ぼくと仲良しで、ですから中国人を差別するなんて考えはないわけですよ。また、金子君という同級生がいて、これは朝鮮人でした。本名はもちろん金というんでしょうけど、金子君っていう名前でした。ところがこの子は、安君と違うんです。安君っていうのはいかにもご大家のボンボンで、だからみんなから好かれてとても人気があったんだけど、この金子君っていうのは、やっぱりいま思うと、腹に一物あったんですよ。日本人のやつめ、という敵愾心があったんだと思います。

大連一中に行ってからは日米戦争中なので、教練があるわけです。それがぼくは駄目でした。「歩調とれー!」っていう、兵隊の歩き方があるんですが、ぼくの歩き方がおかしいらしくて、みんながぼくの歩き方を見て噴き出すわけです。ぼくはとにかく教練でへまをやる。ぼくは級長だから、区隊幹部だから、号令をかけて指揮しなくてはいけないわけです。ところがそれがぜんぜんうまくいかない。ぼくの学校には配属将校がいて、つまり退役の大尉さんでおじいちゃんの将校がいるわけです。その退役大尉さんはいい人でしたけど、ある時、野戦、模擬戦闘をやらされて、ぼくは相手の軍隊の捕虜になっちゃったんです。それで捕まってその配属将校のところに連れられていったら、配属将校が「お前かー」ってあきれた顔をしていました(笑)。ともかく教練の時間が苦手で大嫌いでした。

そして、当時は上級生に対しては、一級違うだけで、一級上は何々さんと呼ぶわけです。そして、相手は一級下のぼくらを呼び捨てにする。大連一中は、旧制の第一高等学校の「自主の精神」を真似して、上級生が下級生を鉄拳制裁するわけです。これは教員は立ち入れないんです。上級生、最上級生五年生——五年生っていったらもう髭がはえたりして、一年生から見たらおっさんです——が、一年生を武道館に集めるわけですよ。で、竹刀持って取り巻いて、「お前ら生意気だ」っていうんで、もう、ほっぺた打たれたり、説教されたり。その間教員は五年生のやることに一切口出しできない。それが「自主の精神」だ、というわけです。そういう意味では、中学はなかなか大変でした。

それでもとにかく、中学生の時は、日米戦争中で、日米戦争とは、これは、とにかく欧米諸国のアジア侵略、ヨーロッパ諸国のアジア侵略に対して、そこからアジアを解放するんだ、という聖戦です。それをまともにぼくらは信じているわけですから、中学生時代は、この戦争は絶対勝たなくてはならない、って思っていました。当時ぼくらは学校には脚にゲートル巻いていってたわけです。ゲートルってぼくは苦手で、ぼくが巻くとズレ落ちてくるんです。ほかのやつはよくズレ落ちてこないなあと思ったんだけど、脚にゲートル巻いて、木銃、木でつくった銃を担いで登校するんです。今考えると危ないと思うんですけど、八月、もう終戦間際になったら、木銃の先に鉄製の剣先をつけたんです。つまり、いつ中国人の暴動が起こるかわからない、ということで。じつに中学生に危険なことをさせているんです。

とにかくぼくは、日本というのは清らかな、正直な、正しい国で、つまり、不正というものが行なわれていない、この世の悪というもの、不正というものに泣くような国民が一人もいないように心がけている国だと信じていました。欧米に支配されているアジアの悲惨な状態を解放してやろうとしている、日本はそういう正しい国だというふうに、ずっと信じていました。その点については、何の疑いももっていなかった。

ぼくは、母親に説教していましたから。たとえば、いかにも汚い中国人の物売りが来るとすると、うちの母は、「汚いもんが来た」って、追っ払うわけです。するとぼくが、「お母さん、駄目よ。中国人も日本国民の一人なのよ」って、説教するわけです。そしたら母が、近所の奥さんに、息子から説教されたって自慢するわけです。でもとにかく、本当にぼくはそう信じていたわけです。

革命的な意識転換——文学への目覚め

大連は、戦争中に空襲がなかった。ぜんぜん空襲がないから、そういった意味では恵まれていたんでしょう。後で、「戦争中、配給制度で大変だったでしょう?」って母に聞いたら、「いやあ、大連は戦争に負けるまでは何でもあった、お金さえ出せば何でもあった」と言ってました。それでも二〇年の八月九日、ソ連が参戦した。終戦の直前です。ソ連軍が大連まで押し寄せてくる。そうすると、教員が言うことには、「お前ら、ソ連軍が来たら穴掘って隠れてるんだ。で、腹に爆薬巻いて、ソ連軍の戦車が来たら戦車の下に飛び込んで爆破させるんだ」と。それにはぼくはうなされましたね。自分の腹に爆薬つけてそれを爆発させろ、と。これは「やっぱりいやだなぁ、そうしないといけないのか」ってうなされた。そこで終戦になったわけです。その後のソ連軍占領の時、ソ連兵の略奪や強姦がひどかったんですよ。ですから日本人の女はいっせいに髪を刈り上げてね、男髪にしたんです。突然家に押し入ってきて、強姦、輪姦やるんです。それから、「ダワイ、ダワイ」で、持っているものを取り上げる。うちの親父なんかも、夜、街を歩いてたら、ソ連兵に出遭って、時計を取り上げられました。ソ連兵は取り上げた時計を、二つも三つもはめてるんです。そういう状況がしばらくありました。

ただ一つ、ぼくはちょうど中学校の二年生の秋頃から、世の中には文学というものがある、ってことに気づいたんです。その前に、すでに夏目漱石の『吾輩は猫である』とか、ちゃんと読んでいる。読んではいるが、そのころは、「おもしろい、おもしろい」って読むばっかりで、それが文学っていうふうには思わないわけです。ぼくは小さい頃から、講談社の『世界名作物語』とかを買ってもらっていて、もう、二〇巻ぐらい持っていました。とにかく、『巖窟王』とか、『あゝ無情』とか、『アンクルトムの小屋』とか、『小公女』『小公子』とか。そういうのをずーっと読んで来ている。そうすると、そこで描かれているテーマはやっぱりヒューマニズムなんですね。だからぼくは、ヒューマニズムは、そういう本から習ったんだと思うんだけど、でも、そういうものが文学だとは別に意識していなかった。ただおもしろいお話だ、って思って読んでいたわけです。

それが、中学二年の時、秋に、徳富蘆花の『不如帰』を読んだんです。この『不如帰』ってのはお涙頂戴のじつに絶品で、正宗白鳥みたいな、あんな口の悪い、意地悪な人までも、最初に読んだ時は泣いたっていうほどです。『不如帰』はお涙頂戴の絶品なんです。それを読んで、文学というものがあるとわかった。

ちょうどその頃、さっき申し上げたように、陸軍士官学校には幼年学校という予備校があったけど、海軍兵学校にはそういうものがなかったんです。ところが、海軍兵学校は、敗戦のギリギリ間際になって予備校、予備海軍兵学校をつくった。これは陸軍の幼年学校みたいなものです。これは中学校二年生から受けられるわけです。その予備海軍兵学校を、ぼくは、二年生の終わりに受けたんです。その試験を受けるために、大連から江田島まで、朝鮮経由で船に乗っていきました。関門海峡を渡って、門司の町に上がって、それから広島で泊まって、江田島で試験受けたわけです。ぼくはその当時は、中学校では成績が学年で二番か三番で、中学生時代でいちばん成績がよかった時代です。ところが、その試験は数学と物理、化学だけなんです。ぼくは英語、国語、歴史、地理、そういう文系のものはだいたい得意だけど、数学と物理が苦手だったんです。化学はまだよかった。物理や数学は理屈でしょ。どうも、それがのみ込めないんです。今でも覚えていますが、数学の試験も二次関数までは平気だった。二次関数で二次方程式解くのは得意だったんだけど、とにかく「√」が出てきて駄目になった。これでわからなくなったわけです。

この予備海軍兵学校は、当時大連一中の二年生と三年生が受けたんですけど、二年生は書類選考が通った三人が受けた。三人受けた中で一人通った。ぼくは落ちた。もう一人も落ちたけど、この人は身体検査で落ちたので、学科で落ちたのはぼくだけということになる。だから、自分の成績優等生、優等生意識というのが、そこでぺしゃんこになっちゃったわけです。ぼくには、予備海兵に落ちたっていうのがとにかく恥だったわけです。

そういうことがあって、文学を読み始めたら、そのぺしゃんこになったところにぴったりくる、自分の気持ちにぴったりくるものが、文学にはあるわけです。たとえば、盧花に『寄生木』って小説があって、この小説は、陸軍幼年学校から陸軍士官学校に行った成績優秀だった子が、何かのきっかけでぐれてしまって、そこから成績がどんどんどんどん落ちていくという話なんですよ。それに共感した。それから、ヘルマン・ヘッセの『車輪の下』。『車輪の下』もまた、小さい時優等生だった子が文学に目覚めてだんだん学校の成績が悪くなって、と、そういう話でこれにも共感した。だからぼくは文学を発見して、世界が変わったわけです。もう学校で一番とか二番なんて、どうでもいいことになった。つまり、どう言ったらいいんでしょう。自分というものが発見できたのね。

それからは、教員たちに対してもまったく批判的な目で見れるし、親に対してもそれまでと違って距離がとれるし、同級生に対しても距離がとれる。自分は一人なんだ、って。やっぱりこれは、革命的な意識転換というか、ものすごく大きかったと思うんです。中学二年生の終わりに文学に目覚めたってことは。

だからもう学校の勉強はまったくしなくなった。学校には岩波文庫を持っていく。教科書をつい立てにして、授業中岩波文庫を読んでいた。もう、授業は聴かないわけです。それから、成績がどんどん下がっていって、教員から呼び出されて、「お前成績下がってきたな、そんなことなら学校辞めろ」とかって言われた。で、「はい、辞めます」って言って、そんな騒ぎもあったけど、とにかくクラスの中で、孤立しちゃったんですね。

でも、その前から意識の孤立はあるわけです。意識の孤立は、北京時代、つまり小学二年三年から始まっている。というのは、北京の頃、さっき言った兄が、兄は一二歳も年が違うけど、えらいぼくを可愛がってくれたんです。兄は、北京の華北交通という日本がつくった交通公社みたいなところに勤めていました。それでしょっちゅうぼくらきょうだい、私と姉二人を喫茶店に連れてってくれたり、あるいは北京の——北京市の中央には宮殿（紫禁城）があって、北海《ペーハイ》とか中南海《チュウナンハイ》とか広大な池がありますが、その池は冬凍るのでスケートができるんです——そのスケートリンクへぼくらを連れて行って、スケートを教えてくれたりした。でもそのスケートはフィギュアで、大連に転校したら、みんなロングなのね。ロングは競走用、フィギュアはアイスダンス用で、大連では女の子が履くもの。もうみんなからバカにされちゃった。

　最初に言いましたように、ぼくは小学校に上がる前から『少年倶楽部』を読んだりしたわけですが、この兄はぼくが本を読むのが好きなことを知って、そのころどんどん本を買ってくれたんです。『プルターク英雄伝』には大きな影響を受けました。とくに古代アテナイの雄弁家デモステネスにひかれた。それを読んでぼくは自分がなにかの長には向いていない、口舌をもって生きるしかない、と子ども心にもさとった。だが、そんな自分の内心を話せるような友だちはおらず、そのころから、つまり小学二年三年のころから、すでに意識の孤立というものを感じていたのです。この兄は、その後若くして北京で亡くなりました。

敗戦後の大連で――近代ヨーロッパの発見

大連というのは美しい街だったんです。ロシア人がつくった街を日本人が完成してるわけで、広場でできているんです。大きな広場が三つぐらいあって、その広場から環状にずーっと通りが出ていて、広場と広場との間をつないでいるという街です。

大連には三越百貨店があった。つまり、東京の三越は有名ですが、当時三越の支店というのは、日本全国の中で大連にしかなかったんです。三越には、しょっちゅう私は母親のお伴で行っていました。しかも大連には――当時子どものお菓子といったら森永と明治でしょ――明治、森永の直営のフルーツパーラーがあった。とんでもないハイカラな街だったんですよ、大連っていうのは。とにかく美しい街でした。

『アカシヤの大連』を書いたのは、清岡卓行というぼくの大連一中の大先輩ですけど、あれに書かれていますけど、もうアカシアの季節になったら、街中アカシアの香りが漂うんです。とにかく大連っていうのはとにかく楽しい、美しい街です。本当にあそこにそのまま暮らしていたら、どんなに幸せだったろうと思うんですけど。敗戦になってソ連軍が入ってきて大連を占領するわけですから、もちろんそのまま暮らすなんてことはありえないわけですけど。でも敗戦になって初めて、いっさい軍国主義的なイデオロギーからは解放されて、自由な中学生として文学にのめり込んでいけるでしょう。そういう文学青年、少年として、美しい大連の街で、しばらくは本当に楽しみましたね。

しかし、敗戦後の大連の生活は、一面ではとても厳しかったんです。最初の年はかろうじてなんとか米が入ったご飯が食べられたんだけど、翌年、一九四六年になると、もう食べられない。最初は粟のお粥。あるいは、トウモロコシ。トウモロコシとか、粟のお粥はまだおいしいんです。ところが、最後、いよいよ高粱《こうりゃん》のお粥になった。つまり、満洲というところは、米なんか一粒もとれないところですから、日本との交通が途絶したら、米は入ってこないわけです。だから、最後は高粱です。

高粱のお粥は、もうこれは本当にまずくて、食えたもんじゃない。しかし、それを食わないと死ぬから食うしかない。まあ、そういう状況だったんですよ。だから食糧事情ってのはもう本当にひどくて、飢えというものをこの時初めて経験しました。そして、戦後最初の冬は、なんとか石炭があったんですけど、二年目の冬は、もう石炭がない。大連は冬は零下一七、八度まで下がるところなんです。石炭を焚かないでは暮らせないところです。冬になったら、道路の路面はみんな凍結する。うちの中にある水も、ストーブを焚かなけりゃみんな凍ってしまう。そういうところで、二年目はストーブなしの冬を迎えた。だからそれは大変だったんです。

ぼくは、そのころ文学というものを通じて、それまでの自分の軍国主義的な意識——日本は清らかで素晴らしい国であり、その国が腹黒い欧米と戦うという——そういうものから抜け出すことができた。つまりそれは、ヨーロッパ発見だったわけです。

映画はぼくはわりと観てるんです。大連で小学校時代に母から連れられて、洋画をだいぶ観ている。

その頃はアメリカ映画はもう入ってこないので、ドイツ映画の『制服の処女』とか、そういうのが入ってきていて、当時大評判になったりした時代です。母がぼくを連れていったのは、ちょうど昭和一五年、一六年（一九四〇年、四一年）。つまりぼくが小学生のころで、小学生は父兄同伴なら映画館に入ることができたんです。ところが、中学に入ったら、父兄同伴でも駄目。だから、中学に入ったら映画はいっさい観なかった。だけど、昭和一五年、一六年の小学生だった間は、母といっしょに映画を観ている。それも母は洋画ばっかり。フランス映画ばっかり。だから、たとえば『舞踏会の手帖』は、その頃母と一緒に観てるんです。まあ戦後、リバイバルで日本に来ましたけど。それから『我等の仲間』っていう、ジャン・ギャバンの映画。ジャン・ギャバンが主役で、有名な名画です。それから『暁に帰る』。そんなふうなフランス映画をたくさん観ているんです。その時観た映画の中で、印象に残っているのが、主人公がスパイで、山の中で殺されるわけですよ。ところが、そのスパイが飼っていた犬がいて、それは町の中に残っているわけです。で、山の中で、自分の主人が殺されるちょうどその時刻にその犬が鳴き出すんです。犬の本能で、察知したんでしょうね。そのシーンが頭に焼き付いている。これも母といっしょに観たんですが、これは後でわかったけど、ヒッチコックの『間諜最後の日』でした。そういうのを、ぼくは、小学生の時に見ていた。

すでにそういう映画でもヨーロッパへの目覚めがあったわけですけど、特に大連の中学時代に文学を通じてのヨーロッパへの目覚めは大きかった。当時、日本からはもう本は来ません、つまり大連には戦後の日本文学はまったく入ってこないわけです。だから文学少年になって読んだのは、昭和一〇年代の文学です。昭和一〇年代の文学を、ちょうど現代文学みたいにして読んだ。だから、もう、いちばん偉いのは小林秀雄なんです。ヨーロッパで偉いのは、もちろんドストエフスキー。ドストエフスキーが偉くて、次に偉いのがアンドレ・ジイドなんです。もちろんトルストイの『戦争と平和』もすばらしい。ロシア文学はかなり読みました。フランス文学では、特にやっぱりジイドを読んだ。ジイドの主な作品をほとんど大連で読んでいると思います。そんなふうにヨーロッパ文学が入ってきているでしょう。そうするとやはり、それまでの自分の軍国主義的なイデオロギーというものに対して、もっと広い世界、つまりヨーロッパの自由で個人主義的な近代ヨーロッパというものが入ってきたわけです。

共産主義と出会う——「大連日本人引揚対策協議会」

そこにちょうど、敗戦二年目の秋ごろに、「大連日本人引揚対策協議会」というものができるんです。ちょうど大連で日本人の引き揚げが始まっていて、その引き揚げの世話をするためにできたものです。ぼくは旧制中学四年生になっていて、二学期の途中です。同級生が、もう学校で勉強してもつまらん、だから引揚対策協議会が人を募集しているので、そこで働こうというわけです。大連は戦後ソ連軍が占領したわけで、その占領下に、中国人の政府、大連臨時市政府ができた。もちろん、中共（中国共産党）系です。ですから、この大連日本人引揚対策協議会というのは、要するにソ連軍の後押しを受けて、これまで治安維持法などで捕まっていた共産党系の日本人が中心になってつくったわけですね。

ぼくは、その引揚対策協議会の中の中山地区っていうところの、中山地区の引揚対策協議会に、ぼくの上級生の五年生が二人と、四年生が、ぼくの友だちとぼくを含めて三人、合計五人で就職したんです。

一九四六年の一〇月じゃなかったかな。そこにいる人はみんな共産主義者なんです。責任者の人は、戦前、昭和の初めに、早稲田で学生運動をやって捕まって、投獄されて、そして満洲に逃げてきて、満鉄調査部に入って、そこで合作社運動をやってまた捕まって、奉天の監獄に入っていたという人でした。その人が、夫婦で責任者をやっていました。要するに、大連には昭和初期の共産主義者の生き残りが多かったんです。そういうふうに転向してから、満鉄を頼って逃げてきた人が多かった。

だから大連は戦後すぐに、たとえば「大連芸術座」って一座ができて、チェホフなんかを上演していました。つまりその大連芸術座というのは、昭和初期の「新協劇団」です。共産党系の新協劇団の劇団員たちが、大連に逃げてきていたわけです。その連中が戦後すぐ、大連芸術座というのをつくった。大連芸術座はもちろん、チェホフとスタニスラフスキーの「モスクワ芸術座」を真似して名前をつけたんです。そういうものの上演活動がありました。

ちょうどその頃、ぼくはエンゲルスの『空想から科学へ』を読んだ。ぼくは戦争中でもずっと古本屋に行ってましたけど、特に戦後は古本屋に通っていました。古本屋に『マルクス・エンゲルス全集』

んです。それで、ぼくも、もう完全に共産主義に惹かれる自分と、非常に矛盾を感じていたんです。

というのが売っているんです。ので、ぼくはてっきり、マルクス・エンゲルスという人が一人いたんだと思っていましたね（笑）。それが、だんだん無知が解消されて、エンゲルスの『空想から科学へ』を協議会に入る直前か直後に読んだ。あの本はよくできた本で、やっぱり共産主義、マルクス主義に誘い込む上ではじつによくできた本で。ぼくは読んでたちまち、「うんだ、うんだ、……うーん」といかれてしまったわけです。共産主義にいかれてしまった。しかし、一方にはぼくには文学があるわけです。文学というものとマルクス主義というものは、相いれない。共産主義は、やっぱり党、共産党というものを至上化する、非常に中央集権的な党の統制の体制がある。党員になったら、その党の厳しい規律に服さねばならない、ということはわかっていましたからね。文学で、自由を求めている自分というものと、そういうマルクス主義に惹かれる自分というものには、非常に矛盾を感じていたんですね。

引揚対策協議会に入ったら、そこで働く人はみんな共産主義者で、中には延安帰りもいました。延安というのは、中国のいちばん北にある、陝西省の首都。当時の毛沢東の中国共産党の本拠地です。つまり中共は、昭和九年（一九三四年）でしたか、それまでは江西省瑞金を本拠地にしていたんですけど、蒋介石の国民党軍に攻められて、江西省の本拠地を放棄して、その後ずーっと西の方をまわって、北の方に出た。いわゆる「ロングマーチ」、「長征」ですね。そして、最後に延安に根拠地を定めた。延安帰りとは、その中共の本拠地である延安にいて、そこから帰ってきた共産主義者の日本人のことです。

その延安に、野坂参三がやってきた。日本共産党をつくった一人である野坂参三が、モスクワのコミンテルンからやってきたんです。そして延安から、中国にいる日本軍の兵士に向けて、「脱走しなさい、脱走しなさい、日本の戦争は帝国主義戦争である、だから脱走しなさい」って宣伝した。実際、脱走した兵士もいたんです。たとえば、野上弥生子の『迷路』という小説。あの最後は、兵士が延安に向けて脱走しますね。そのような脱走兵がいる。脱走した看護婦もいるわけです。

さっき言いました、中山地区引揚協議会に入ってみたら、延安帰りの看護婦がいる。そこは共産主義者ばっかりなんです。だから、そこで、またたくうちに共産主義に感化された。特にさっき言いましたが、責任者の方が、ぼくを可愛がってくれた。いま考えてみると三〇代の人なんです。中村さんっていうんだけど、非合法の時代の感覚で、まだ工作名使ってたんです。本当は田中さんっていう夫婦なんです。この中村さんっていう人は神経質で口やかましい人で、ぼくがガリ版切りを覚えたのは、その協議会です。協議会で引揚者の名簿をつくった。今でも覚えていますけど、ちょうどスターリンの『ソ連共産党史』が出たばっかりだったんです。確か、あれは延安で訳しているんじゃないかと思うんですが、日本語の訳本が一冊あったんです。中村さんがそれをガリ版に切れって言うんで、全部じゃないけど、ガリ版で切ったことを覚えています。

この夫婦はおもしろい夫婦でね。子どもはいなくて。中村さんの奥さんってのは地味な奥さんだけど、中村さんがみんながいるところで、言うんですよ。「ながれのきしのひともとはみそらのいろのみずあさぎ」って。「なみことごとくくちづけしはたことごとくわすれゆく」。これは上田敏の、『海潮音』に出てくる有名な、上田敏が訳している「わすれなぐさ」という詩だけど。「ほうれ、貞子さん」って——貞子さんが嫁さんの名前です——「ぼくがあなたに手紙でこの詩を書いて送ったじゃないの」。中村さんが貞子さんに言うので、みんなが大笑いして。まあ、そういう仲の良い夫婦でした。

極寒の大連での飢えと知的刺激と

そこでぼくは共産主義の洗礼を受けて、そして、最後までそこに残ったんです。姉は大連の女学校を出たら、当時戦争中だからすぐ代用教員になって小学校の教員をしていた。そして、小学校の教員の組合活動を通じて、姉もこの大連の引揚対策協議会の本部の方に勤めていたんです。

それで引き揚げが始まったんですが、私の住んでる中山地区は引き揚げの順番がずっと遅いわけです。とにかく食い物はない、冬は寒いのにストーブも焚けない。そんな状態で、もうすっかり両親が弱ってしまっている。そうしたら、中山地区協議会の上の方から、姉とぼくが最後まで協議会で働いて、最後の引揚船に乗って帰る——っていうことは、協議会の職員たちもその船で帰るわけですが——その最後の引揚船まで残ってぼくたちが仕事をするならば、その代わりに両親を早く帰してあげます、って言ってくれた。それで、姉と二人大連に残ることにして、両親を早く日本に帰すことができたんです。

両親が引き揚げてから、その後五カ月ばかり、姉と二人、大連で暮らしました。ぼくの中学校の友だちで、いっしょに中山地区で働いていた友人の家に間借りして、そこで暮らしたんです。そこには風呂があるんだけど、水を入れっぱなしにしているので、その風呂の水がカンカンに凍っていて、風呂に入ることができない。しかし焚くものがない。もう、お互いくさいぐらいだったので、なんとかして風呂に入りたいわけです。だから、その友だちと二人で――大連中山地区協議会の建物は、元カトリック教会だったので、礼拝堂に長椅子があるわけです――その長椅子を友人と二人で抱えて持ち帰って、それでお風呂を焚いた。その時初めてわかったけど、氷ってのはなかなか溶けないんです。燃やせど燃やせど溶けない。しかし溶けたら早い。そんなふうに、ベンチを持って帰って、ベンチをまるごと一つ焼いて風呂を沸かしました。そんな暮らしをしていたわけです。食事も大変で、食べるのは高粱のおかゆだけ。たまーに、ピーナッツを買ってね。ピーナッツがあったらご馳走なんです。

だけど、協議会では、知的な刺激がいろいろあっておもしろかった。そのころ、ぼくはショーペンハウエルにいかれていて、ショーペンハウエルの本を持ってるわけです。それと同時に、三木清の本も持ってる。中村さんがね、「三木清？　これはまずまずよろしい。ショーペンハウエル？　これは観念論の最たるものである。君は矛盾してるねえ。一方でマルクス主義とか言いながら、一方でショーペンハウエルを読んでいるなんて」と笑うんです。そんなふうであったけれど、引き揚げ間際には、「君たち、内地に帰ったら共産党に入るだろう？　だけど、共産党っていうのはね、入れてくださいっていったら、はいどうぞってやたらに入れてくれるところじゃないよ。」それで、「証明書を持って帰んなさい」と。そういって「大連民主連盟渡辺京二」って書いた布の印刷物をくれた。「これはね、ポケットに入れて持って帰るんじゃないよ。アメリカ占領軍の検閲があるから服に縫い込んで帰りなさい。引き揚げたら、それを持って、党の事務所に行きなさい。そしたら入れてくれるから」って。こう言うわけです。だから、「大連民主連盟渡辺京二」っていう布切れを外套の裏に縫い込んで帰りました。

最後の引揚げ船で熊本に帰る

こうして、昭和二二年（一九四七年）春に、最後の引揚げ船で帰ったのですが、引き揚げの時は、要するにぼくらは難民なんです。持ってる荷物は、両手に下げてる鞄だけ。布団袋も自分で担いで船に積み込んだ。つまり、お客さんとして乗ったんじゃなくて難民なんです。しかも、ぼくはトランクの中にこれだけはどうしても持って帰りたいと思う自分の本を入れたわけです。そしたら、本は持って帰らせるな、というおふれがソ連軍の上層部から出ていたんでしょう。検閲のソ連兵がその本を全部取り上げて、ポイ、ポイ、ポイって彼の肩越しにうしろに放り投げるんです。その光景は心が痛みました。それでぼくの本は全滅。わずかに布団包みの中に五冊ばかり入れておいた本だけが助かりました。

それで佐世保に上陸して、まず収容所に入る。大連はまだそのころは野原は雪で覆われていて、地面は見えない。ところが佐世保に着いたら、日本は春らんまんです。そして収容所に入ったら米の飯が出てくる。もちろんカラ芋とか大豆とか、混ぜてあるんだけど、とにかく米の飯と味噌汁が出た。米の飯なんて、こっちは一年ぶりです。高粱の粥ばかりだったので。そのときは、「けっこうなもんだなあ」って思いましたね。

こうして、姉と二人、熊本に引き揚げてきた。ところが、親父は東京に引き揚げるつもりだったんです。というのは、親父の弟が日活のカメラマンで、これは親父が若い頃、日活に押し込んだわけです。しかも、親父は徳川夢声なんかと友だちだった。だから、東京に行けば友だちがいるから何とかなる。だから東京に引き揚げるというのを、うちのお袋が、いや、自分の里《さと》に帰るっていうんで、それでしかたなく母の里に帰ってきたんです。ところが帰ってみると、母の家は熊本空襲で焼け出されていて、それで、自分の家の菩提寺、西流寺ってところに間借りしてたんです。

ぼくの母は請負師の娘で、請負師とは、今のゼネコンです。つまり、大工とか左官屋を雇ってきて、一軒の家を建てるのを請け負うのを請負師っていう、その請負師の娘なんです。それでこの請負師には、三人の娘がいて、長女がイシ、次女の私の母がカネ、三女がテツ。大変な名前なんですよ。この時、西流寺には、母の母、つまりばあちゃんが残ってました。母たちが引き揚げてきたら、自分の母とそれから三番目の自分の妹のテツ――テツ子って言ってましたけど――それと弟の三人が暮らしていた。この弟はちょっとした文学青年で、若い頃、『熊日』(『熊本日日新聞』)の前身の『九州日日新聞』に短編が載ったという人でした。ところが、二〇歳前後で精神分裂病にかかっちゃったんです。だから、父と母が引き揚げてきたときには、おばあちゃんと、テツ子さんとその弟の三人で六畳一間に暮らしていた。そこにうちの両親らが転がり込んで、六畳で五人暮らすことになったわけです。そこに今度はぼくたち姉弟が転がり込んで、六畳に七人で暮らすことになった。

　姉は、帰ってきてすぐ共産党に入りました。姉はまじめな人だったから、戦争中に日本軍は中国でどういうふうな虐殺を行なっていたかっていう証拠写真、そういったものをさんざん見せつけられて――彼女は大連の引揚対策協議会本部に勤めていましたから――そして、本当に共産主義を信じて、すぐ共産党に入りました。要するに、戦後の日本共産党は、誰でもいらっしゃいで、大歓迎なんです。だから持って帰った、「大連民主連盟渡辺京二」とか、こんなものいらないわけですよ。だけどぼくはその時は共産党に入らなかった。

　ぼくは、熊中、熊本中学という旧制中学に転入したんです。そこで四年生を二回やることになるわけですけど。その時、熊中の教員が言うには、「君は、大連にいて敗戦後めちゃくちゃで、ろくな教育も受け取らんだろう。だから、四年生をもう一度やり直しなさい。四年からでも旧制高校を受けられるから」っていうわけですよ。

　それならいいか、ということで、ぼくは中学四年生をもう一度やったわけです。そしたら、学業は、大連一中の方がずっと進んでいました。つまり、日本内地は大連よりひどかったわけです。空襲もあるし、そして戦後の食糧難ももちろんあるしね。ですから、熊中に入ってからは、だいたいおれはこんなところにいる人間ではない、とまず思っていた。いまさら中学生になって、朝礼とかいって校庭に並んでね、校長先生に頭下げたり、馬鹿らしくてしょうがないわけです。

おとな扱いの大連から子ども扱いの日本へ——旧制熊中での違和感

というのは、大連の引揚対策協議会で、ぼくはすでに大人の世界に入っちゃったんですよ。たとえば、引揚対策協議会で、何をやらされたか。当時、日本人が引き揚げるに際して、それまで中国に対してさんざん日本人は申し訳ないことをした、だから引き揚げるにあたって、自分の持っている財産のいくらかを中国側に引き渡して帰りましょう、ということになって、引き揚げ前の日本人に対して、いくらか金なりあるいは物品を、提供するように協議会がした。これで日本人から協議会が恨まれたわけです。

その時、ぼくは中学四年です。いまでいう高校一年です。それでその役目を、たとえば、大連で一番の繁華街のある通りの住民たちを相手にして、四十男、五十男のおっさんに一人ひとり会って、「あなたはいくら出すか？　あなたはいくら出すか？」ってやるわけです。そうすると彼らは、今で言うと高校一年の坊やに頭を下げて、「いや、うちはこれしか出せません」と頭下げていうわけです。だけど、内心は馬鹿にしてるわけです。協議会の方でも、ぼくでは成績が上がらんということで、しばらくして、ぼくはほかの若いのと取り替えられた。延安帰りの若いのと。ぼくは助手についたわけ。そいつは、容赦なく取り立てるわけです。そしてある日そいつと、大連の南山麓にあるブルジョワの家に財産調べに行った。すると、そいつは家に土足で上がるんです。ぼくは土足じゃ上がれないので、靴脱いで上がったけど、そいつは土足で家に上がって、「これ出せ、あれ出せっ」て、そこの嫁さんに品物を指示するわけです。それは、ぼくはいやでしたね。共産主義に惹かれながらも、そういうのを見ると、嫌悪を感じた。なかなか共産党に入る気になれなかったのはそんなこともありました。ともかく、大連でそういうことをやらされた後だから、ぼくはもういっぱしの大人のつもりだったわけです。それが中学に入って、校庭にみんな整列して朝礼で校長の話を聞くとか、そんな子どもじみたことはバカバカしかったわけです。

とにかく五高に通ればいいんだな、ということで、布団包みに入れて持ち帰った本というのが、田辺元の『哲学入門』とか四冊、すべて当時の哲学書だったんです。当時は、岩波書店が、岩波新書だったか岩波文庫だったかを復刊したら、それを買うのに行列ができたっていうぐらいですから、みんな本に飢えていたんです。当時は古本屋がいっぱいあった。ぼくはその四冊——いずれも旧制高校生が読むような哲学書なんですが——を古本屋に持っていったら高い値段で買ってくれました。それでぼくは数学と英語の参考書を買った。ぼくはだいたい、英語は大丈夫。国語も大丈夫。問題は数学。文科は物理、化学は試験に出ない。これはネグってよろしい、と。要するに試験に出るのは、英語、国語、数学。これだけなんだから、数学をやるべし。で、数学の参考書を買った。学校の授業も、ろくろく聞いてない。入試の勉強をして、そんなふうにして熊中での生活を送ったわけです。

で、これは幸いというか、熊中映画研究部っていうのをつくった男がいて、さっそくぼくも誘われて入った。そして自分たちの会報をガリ版屋さんに頼んでつくったりして。中学で楽しかったのは、それ一つでした。戦後は、さっき言いましたように、大連では中学生になったら映画館出入りは御法度だから、まったく映画を観てないわけです。戦後になって、引き揚げてきたら、映画、映画、映画だった。当時はリバイバル映画が多かった。それで覚えてるけど、引き揚げて来てからすぐ、たとえば『舞踏会の手帖』とか、子どもの時観た映画をリバイバルでやってたわけです。引き揚げた時はその料金が一〇円だった。ところが半年するかしないかで、それが二〇円になった。当時の日本の戦後のインフレはすごいでしょう。だから、最近、二パーセントでインフレとか言ってるけど、「冗談言うなよ」って言いたいわけです。一〇円から二〇円とは、一〇〇パーセントのインフレ率でしょう。日本の戦後のインフレがそうであったし、第一次大戦後のドイツのインフレたるやそれ以上の超インフレだったわけで、インフレって、そういうことをいうんでね。

まあとにかく、熊中では、映画部の活動だけが楽しみでしたね。ところが、熊中は、旧制五高の予備校みたいなところがあって、要するに五高には全国から学生が来るでしょう。その中で熊中出身がいちばん多いっていうのが自慢なんです。だからそのための、五高受験のための試験をやるわけですよ。四年生の秋、一〇月頃じゃなかったかな。四年、五年、通しの実力考査ってのがあったんです。私はふつうの定期試験の成績は、クラスで一〇番ぐらいだった。というのは、物理も化学もぜんぜんやらないし、もう、成績なんかどうでもいいと思っていたから。五高に通りさえすればいいと思っていたわけです。

ところがこの四年、五年通しの実力考査では、ぼくは四年の一番になった。四年、五年全体を通しては三番でした。そして、五年の一番になったやつはやはり大連一中のぼくの一期上だった。だから、全体の一番、三番を大連一中がとったことになった。それで担任の教員が、「すげーなぁ、大連一中は」って言っていたのを覚えています。しかし、そのころのぼくはもう優等生意識は抜けていたから、まあ、どうでもいいことだったんだけど。

ちょうどその頃、作文募集があって、おそらく夏休みの課題だったんじゃないかと思うんですが、何か書かされて、それもぼくは県下で一番で選ばれたんですよ。で、『熊日』に載って、そのあとNHKで放送された。そういうこともありました。

それで、ちょうどその一〇月頃、つまり一九四七年の一〇月頃、ぼくはまず「青共」（日本青年共産同盟）に入った。前に言ったように、党というのは規律が厳しいところで、そういう規律の厳しいところで、文学をやっている自分が生きていけるかどうか、という疑問があって、党にはずっと入らなかった。でも、青共なら規律が緩いからよかろうと。青共っていうのは民青の前身、青年共産同盟といって、つまり共産党の青年部です。これは気楽に入れるわけです。つまり正式の党員じゃないからうるさいこと言われない。

これに仲間がいて、親父が共産党で古本屋をやってるその息子がいて、彼と三人、青共の熊中の班っていうのができたから、校長に届けたの。というのは、当時の校則に、「校外の外部団体に入ったら、校長に届けなさい」って書いてあるわけ。だから校長まで届けにいった。「ぼくは青共に入りました」。それを聞いて校長は「惜しいねえー」って言いました。「惜しいねえー」と。「君はこれで出世街道を無駄にした」って、そういう意味なんです。ぼくはすぐわかりました。「君は、四年、五年の実力考査でも、四年で一番だったろう？　作文も選ばれて、放送までされただろう？　出世疑いなしだったんだ」と。だけど、「これで君の出世は、終わり」。その時は、「この俗物野郎が」って、ぼくは思いましたけど。

旧制五高入学と共産党入党——最初の喀血

それで、昭和二三年（一九四八年）春に中学四年で五高の試験に合格して、入学までにしばらく間があった。ちょうど三月だったと思うんですが、ぼくはその時に共産党に意を決して入ったわけです。因みにぼくが共産党に入ったその翌年、昭和二四年（一九四九年）一月に国政選挙があって、確か三十数名か、共産党の候補が当選したんです。それまで共産党の代議士は四人だった。それが初めて三〇人以上当選した。党としては大躍進だったわけです。このとき、まさに田舎の選挙運動で赤旗担いで、ぼくは平党員として活動していたわけです。

共産党に入ってもう一つやったのが、サークル誌をつくることでした。年上の仲間に、やはり文学青年たちがいて、すでに「新日本文学会」というのができていましたから、熊本でもその系統のサークル誌を出そうということで、その年上の仲間たちと出したんです。「新日本文学会」というのは、戦前のプロレタリア文学運動は狭すぎたという反省から、民主主義という一点で団結すべきだということで、戦前のプロレタリア文学同盟のかわりに、中野重治とか宮本百合子とかがつくったものです。

　ぼくはその頃、五高に入ったばかりだったんですが、その前から姉の関係で――姉が熊大医学部の看護学校の事務に勤めていて、共産党員で、熊大医学部の細胞の一員でしたから、医学部の学生に党員の知合いがいる――その連中とか、あるいは居住細胞で山口経専を出ている文学青年とか。だいたい私が付き合っている人はみんな年上でしたが、そのかれらといっしょに雑誌を出した。それが、ぼくがガリ版雑誌を出し始めた最初です。

　ぼくが五高に一学期通学している間に、全国の高等学校ストライキっていうのがあったんです。それで当時、東京の全学連のスターだった、当時の全学連の委員長、武井昭夫が熊本にわざわざオルグに来ました。その時ぼくも会いましたけど、「五高でもそういうストライキにもっていかなければいけない」と彼は言うんです。ところが、ぼくは五高に入学して、たとえば学生大会があってそこで発言しようと思うんですが、当時はまだ人前で話すなんてことは慣れてないから、立ち上がってはみたものの、言葉が出てこない。そういう具合でした。

　当時、五高にはぼくの二期上に、これはもう思想としてはマルクス主義者で、朝日新聞社が全国の高校弁論大会を開いたときにそれに優勝した三人組がいました。この三人組のうちの一人は、新里恵二といって、のちに岩波新書で『沖縄』という本を書いている人です。もう一人は大江志乃夫といって、あとで名古屋大学の教授になって、歴史の本をたくさん書いている。この大江志乃夫と、それから新里ともう一人高田という三人組がいた。この三人がぼくに言うんです。「共産党の君たちが、表に出たら一般の学生がビビるから表に出るな。おれたちがやるから」と言うんですよ。「こっちは党員として宣伝する義務があるから」、そう言ってもこの三人がおさえるわけです。

　ところが五高の一学期が終わって、ぼくは夏休みに喀血したんです。大喀血を。そもそもは、親父が若いころから結核だったんです。だけど重体にはならなかった。北京に行ってすぐ、ぼくは肺尖カタルになった。肺尖カタルって、それはもう、まぎれもない結核なんだけど、当時は肺尖カタルとか何とかいうわけです。それで、北京に行って三ヶ月ほど病院に通った覚えがあります。だから父親から結核がうつっているんですね。次姉も、そのことが原因で大連で亡くなりました。

　敗戦後の大連では食べ物がなくて栄養失調で無理をしたから、それでここにきて発病したわけです。夏休みに大喀血をやったんですよ。喀血っていうのは、止めようとしたら駄目で、全部吐かなくちゃいけないんです。洗面器一杯くらい出る。それを止めようとしたら窒息するので吐かなくちゃいけない。とにかくいきなりの大喀血でした。それで一学期だけ行って、学校は休学です。

　あとはずーっと寝たっきりです。当時は、さっき言いましたお寺の六畳の部屋から私たち親子だけが抜けだして、お寺の本堂の片隅に別に暮らしておりましたけど、寝たまま本堂の屋根を見て、一七歳で死ぬのかなあって思っていました。

　だけど、喀血しただけで、後は別に元気なわけですよ。だから、たとえば中野重治が熊本に講演に来た時は聴きに行った。そして秋には、当時評論家として売り出したばかりの——まあ評論家としては結局ものにならなかったんですが——キクチショーイチ（菊池章一）というカタカナの名前の、小田切秀雄の次のホープのような人間が、新日本文学会から熊本にオルグにやってきたんです。この人は、女優の荒木道子と結婚して、息子は荒木一郎という歌手になっています。その彼が、熊本にやってきて、熊本に新日本文学会の支部をつくると言うわけです。そして彼はその支部のために熊本で五人を選定した。新日本文学会というのは、間違ってもサークルじゃないわけです。つまり、小説とか、詩とか書いてる実績がないと、入れてくれないわけです。だけどぼくはそこで、彼が選定した五人の会員の一人になった。当時ぼくは一七歳だったので、全国でも最年少の会員だったと思います。でも、すでに自分たちで出していた雑誌に評論を書いていましたから。

五高に入ったその年は、そんなふうに病人ではあるんだけど、学校に行けないだけで、本は読める、文章も書く時は書く。寝たり起きたりみたいなことをやってたんです。ところが、その翌年の一月ごろに、また大喀血をやったんです。この時も、洗面器一杯ぐらい血を吐きました。この時は、もう本当に弱っていて、療養所に入るしかないのだけど、だけど、なかなかその療養所にも入れない状態でした。

ぼくの学年は、旧制五高の最後の学年なんです。一年上まで、ぼくの一級上までは旧制高校、旧制大学で卒業できたんです。ところがぼくらの最後のクラスは、「一年追い出され組」っていうあだ名がついている。つまり、せっかく試験受けて五高に入ったのに、「ごくろうさんでしたね、新制大学を受け直しなさい」ということです。だから新制大学一期生になっているんです。ぼくのこの時の五高の同級生はみんな東大に行ってるわけです。しかし、ぼくは一月に再喀血したので、もうそれどころではなく、やっぱり一八歳で死ぬのかな、と思っていた。

再春荘病院での党活動

ところが四月になって、再春荘病院という療養所に入れたんです。昭和二四年（一九四九年）の四月。でね、入ってみてわかったことは、ぼくはこの療養所の中では重症じゃなくてむしろ軽症の方なんだということです。それで、すっかり安心しました。ぼくはその再春荘という療養所に四年半いたけど、共産党活動をするために再春荘に入ったようなものでした。

その当時の再春荘には、共産党の党員が二十数名いたんです。党員には、看護婦とか職員もいたけど、大部分は患者でした。そのキャップをしていたのが台北帝大を中退した吉野さんという、ちょうどぼくより一〇歳年上の人でした。ぼくは再春荘に入って、しばらくはおとなしくしていました。入ってから一年くらいはおとなしくしていた。やっぱり、病状のこともあり、自分でなんとなく落ち着かないですから。

ところが、昭和二五年（一九五〇年）六月に、朝鮮戦争が始まったでしょう。その時、共産党が非合法化されたので、指導部が全部地下に潜ってしまったわけです。そのあたりから、自分が共産党のために働かなくては、という思いになってきたわけです。それ以前から、ガリ版切って細胞新聞を出していましたが、その新聞も出たり出なかったりでした。が、ぼくがガリ版切るようになってからは、きちんと月二回の定期刊にした。そしてそれを病棟に売りに行くわけです。つまり、ぼくはまじめな共産党員として一生けん命に活動したわけです。

そのうち再春荘のキャップだった吉野さんが手術をするので、キャップができなくなってしまった。だからぼくがキャップになったわけです。その時、ぼくは二〇歳で、共産党の再春荘の細胞の中でいちばん若かった。しかし、ぼくがキャップになってからは、今まで集まらなかった党費を一〇〇パーセント集めるようになった。

ぼくは、戦争中は上から締め付けられる軍国主義の雰囲気が嫌いで、学校でそれに反抗していたくせに、それでも観念の中では日本という国を、神聖な戦いを行なっている神聖な国だと信じていたわけですね。まったくその戦争中と同じように、当時、共産党っていうものをぼくは信じていたんですね。だから、ぼくは本気で、すべてを党に捧げつくす、自分の持っている時間も何もかもすべてを党に捧げつくすと思って活動したわけです。まわりから見たら滑稽だったと思うんですが。

それで、昭和二六年（一九五一年）かな、二七年（五二年）かな。ぼくは警察のガサを二回受けたんです。再春荘で警察の捜索を受けたのは、ぼくと吉野さんのところの二カ所だった。その警察のガサ入れのときには主治医がそばについているわけです。かれはただ黙って瞑目している。ぼくの方はもう、警官をののしって、警官とがんがん喧嘩するわけです。そうすると、警官が帰った後、同志の患者が、「昔は警察ってのは大変なもんだったけど、今じゃもう、警察も形無しだなあ」って笑っていました。それほど、ぼくはまじめに共産党に捧げつくしていたわけです。

そして、そのころぼくは同時に再春荘に「社研」つまり「社会科学研究会」を作って、党に入っていない若い連中に声をかけた。これによって、この社研を通じて、ぼくは自分の同年輩の若い人をだいぶ共産党に入党させたわけです。そして、『わだち』という三十数頁のガリ版刷りのサークル誌を出し始めました。自分たちでガリ版を切って印刷して、製本して、という。これは最後は月刊になったんです。

そのころの共産党は、五〇年の党内闘争というのがあって、主流派と国際派に分裂して、主流派は火炎瓶闘争、山村工作隊などの軍事方針をとる過激な武装闘争路線の時代です。ですから共産党はどんどん世の中から孤立して支持を失っていく。党の代議士もどんどん減って三〇人ぐらいいた党の代議士もどんどん減って最後には二、三人しかいなくなるわけです。おまけに党の分裂によって、共産党そのものが弱体化していくわけでしょう。それなのに再春荘の中では、共産党はますます強大になっていくわけです。とにかく選挙があれば、患者が七〇〇、八〇〇人近くいたなか、そのうちの三〇〇人ぐらいからぼくらは投票を取っていたわけですから。それだけ党勢が増えていたわけです。

最後には、近郊農村の共産党細胞に対するオルグまで出ていました。たとえば、菊池市の隈府で、地区の会議があるというと、ぼくはそこへ出かけていくわけです。今度は山鹿で会議がある、というと、再春荘からそこにも出かけていくわけ。それを当時の言葉では、「脱柵」と言っていました。無断外泊のことを「脱柵」。これは兵隊言葉で、再春荘はもともと傷痍軍人療養所だから、用語も兵隊用語が残っていたんです。つまり、ぼくは、再春荘内部の共産党の面倒を見るだけではなくて、脱柵して周辺地区の共産党の面倒まで見ていたのです。それほど共産党に尽くしていたわけです。

それで、ある日、主治医から呼び出された。この主治医という人は、深水真吾先生といって、深水といったら水俣一の名族なんです。そこの出の人で、結核に関しては熊本県では有名なお医者さんです。この人がぼくの病棟の主治医でした。その先生が私を呼んで説諭なさるわけです。

「渡辺君、君は、何かよく外出しているそうだね。」つまり、看護婦が先生に告げ口するわけです。「渡辺さん、今朝も病室におりませんでした。朝帰ってきました」とか。看護婦が先生に告げ口するわけです。

「あのね、結核というのは、寝てれば、安静にしてれば、よくなる病気なんだよ。だから君も自棄《やけ》にならずに、安静にしなくちゃ」って、先生が説諭する。「特に君は生活保護で入ってるんだろ？生活保護ってのは国民の税金だろ。だから国民に対しても、よくなる義務が君にはあるんだよ」って。「だから安静にしなさい」と。ぼくは、その先生の話を「ハイ」って、ただ頭下げて聞いてるわけです。頭上を弾丸通過。もう面従腹背で、もういささかも改める気はないわけですね。そうしたら先生はそれを見抜くわけです。こっちは反抗したわけでも何でもなく「ハイ」って言っているだけなのに、見抜いて、それで「君はー！」って悲しそうに絶句しなさった。その先生は、ぼくが退所した後でも、ばったり町で会うとね、「おーっ、渡辺君、一緒に食事しよう」とか誘ってくださって、よい先生でしたね。

「共産主義的人間」——激しい党内闘争のなかで

とにかくまあ、そのころのぼくはそんなふうに共産党、共産党でした。

そのとき、ぼくが一つ共産党で経験したのは、やっぱり分派闘争というものです。先ほども言ったように五〇年の党内闘争、分裂というのがあって、当時共産党は、武装闘争を掲げる主流派と国際派に分かれたのですが、ぼくは主流派についていった。ぼくは、当時新日本文学会員でしたけど、その新日本文学会は、中野重治以下、分裂して全部分派、つまり国際派に行ったわけです。宮本百合子も、彼女は宮本顕治の嫁さんだから分派に行く。それで、この分派、つまり国際派は全部党から除名されるわけです。

ぼくはその当時、中野重治を文学者としてはいちばん好きだし、尊敬していた。その中野さん始め、全部、ぼくの好きな文学者は分派に行っている。それにもかかわらず、ぼく自身はこの分派に行かずに主流派にとどまった。それはなぜかというと、結局党から除名されるのが怖い、というそれだけのことだったんですね。だからぼくも、その当時、新日本文学会員だったから、査問されたわけじゃないけど、「どっちを取るか」みたいなことを言われたわけです。ぼくは、だから新日本文学会とは縁を切った。そのとき共産党は、新日本文学会に対抗して、『人民文学』という雑誌を、徳永直を中心にして出す。しかし、これはどう見たって、『人民文学』の方が程度が低いことはすぐにわかるわけですね。

それなのになぜぼくは主流派についていったか？　結局、ぼくは党から除名されるのが怖かったわけです。だから、ぼくは主流派についていって『新日本文学』と縁を切った。それでは、何で除名されるのが怖いのか、ということですね。これはあとになって自分で分析してようやくわかったんだけど、要するに、共産党員であることが、人間が人間である、正しい道だとぼくは信じていたわけです。

マルクスは、共産主義社会になって初めてこれまでの階級社会を超えた人類の本当の歴史が始まる。それまでは、前史に過ぎない。資本制社会とは、本来人と人との関係であるべきものが、商品と商品との関係になってしまっている。共産主義者社会になって初めて人間は人間になれる。つまり、人間であろうとすれば、共産主義者であるほかはないと言っている。アラゴンが言っている「共産主義的人間」というのはそういうことですね。

だからその意味では、共産党とイエズス会とまったく同じなわけです。イエズス会は、反宗教改革、対抗宗教改革で、ほかのキリスト教の団体とは違うところがあるわけですが、どこが違うかというと、イエズス会はまず、人間はすべてクリスチャンであるべきだ、というわけです。つまり、クリスチャンになることによって初めて、人間が人間になるんだと。だから、クリスチャンにならないのは、禽獣に等しい。そういう魂を放置してはおけない。だからすべての魂を、クリスチャンにして救い上げなくちゃいけない。というのが、イエズス会です。

さらにもう一つ、そういうふうに、すべての人間の魂をクリスチャンとして救う責任が自分にあるならば、自分自身がそういう責任に耐えられるような強い人間にならなくちゃいけない、とうわけですね。これがイグナチオ・デ・ロヨラがつくり出した、「黙想」という方法で、ロヨラが本に書いています。要するにそういうふうな、世界の人々の魂を救うことができるような人間に自分を改造しなくてはいけないわけです。それが、イグナチオ・デ・ロヨラがやったことで、だからフランシスコ・ザビエルも人々の魂をすくうために遠い日本にまでやって来た。イエズス会と共産党は、その意味でそっくりなんですね。

共産主義者になることが、人間が人間であることだと。しかも、それなら、すべての魂を共産主義者として救い上げるためには、自分自身をそういうことのできる共産主義者に改造しなくてはならない。つまり共産主義者として、自分の命をいつだって投げ出せるような、いつでも死ねるようなそういう人間に自分を改造しなくてはいけないというわけです。これが「共産主義的人間」ということです。ぼくは、真面目にそれをやったんですよ。共産党から除名されたら、人間としての大道からシャットアウトされることになると思った。それが怖かったわけです。

ぼくは昭和二八年（一九五三年）に、再春荘を退院したんですが、その頃にはもう、共産党の山村工作隊路線、火炎瓶闘争、つまり共産党の武装闘争方針の行き詰まりが明らかになっていた。もう国民の支持を全然得られないわけで、選挙でも代議士が全部落選するという。そして、そのころには、東京ではいわゆる分派と言われた国際派と主流派との仲直りがすでに進行していたんです。それまでは『新日本文学』を持っていたら、「反党主義者」って呼ばれていたけど、ぼくが再春荘を退院した五三年ごろになったら、「『新日本文学』？　別にいいでしょう」って感じになってきた。だから、ぼくが再春荘を出てすぐ考えたのが、新日本文学会の支部を再建しようということでした。

熊本にも分派の連中がいて、「新日本文学会熊本支部」と名乗っていたんだけど、行ってみると会員は一人しかいなかった。支部というのは会員が三人いないと成り立たないのに、戦前からのプロレタリア詩人が一人いるだけで、その人しか会員はいない。あとは文学に関係がない、要するに分派で共産党から除名された連中が集まっていて、そういう連中が単に集まるだけの、そういう会に成り果てていたわけです。『新熊本文学』という、支部の雑誌が七号まで出ていたけれど、それももう、二年ぐらいストップしたままでした。

ぼくはそこに行って、「新日本文学会を再建する。ついては雑誌を出す」と宣言したんです。それで、その『新熊本文学』を再刊して、しかもガリ版刷りの月刊で出した。月刊で出し始めたら、そしたら今集まってきているような連中だけじゃ間に合わないので、いろんな新しい人に来てもらった。それで、新日本文学の会員も新しく一人増やした。ぼくはもともと会員だし、一人増やして、正式にそれで三人で支部が成立したわけです。それ以外に、やっぱりこれは、っていうふうな物書きさんを集めて、そういう人たちに書いてもらえるようにした。再春荘で『わだち』という雑誌を出して、ぼくは雑誌を出すことのおもしろさ、楽しさっていうのをすでに経験していましたから。

再春荘を退院して、この『新熊本文学』を月刊でガリ版で出したということが、このあとのぼくの半生を決めたように思います。熊本には、それ以外にも、党の純粋な主流派系統の『熊本文学』とかいう雑誌もガリ版刷りで出ていました。これは、一年に一回か二回ぐらい出るような、党の政策のプロパガンダそのもののような、そういうふうな程度の低い作品しか載っていない雑誌です。その連中は、最初はぼくたちの悪口を言っていたんですが、自分たちの方がふるわないもんですから、そのうち合併すると言い出して、それで合併して、「新熊本文学会」というものをつくったんです。だから、新日本文学会支部発行の『新熊本文学』が、新熊本文学会発行の『新熊本文学』に変わったわけです。その時にガリ版から活版になったんです。それが昭和三〇年（一九五五年）の春です。

「六全協」（日本共産党第六回全国協議会）の衝撃

この新熊本文学会というのができて、それをやっている頃に、ちょうど同じ年の七月に「六全協」があったわけです。「六全協」というのは、もうばかばかしいような話で、それまでやっていた、つまり共産党のこれまでの武装闘争方針を放棄して、自分のやっていたことは全部間違いでした、って主流派が自己批判したわけです。それは、大まじめに武装闘争をやってきたぼくにとっては、天地がひっくり返るような衝撃でした。アホらしい限りなんです。たとえばこの分裂した共産党の時代に、ぼく自身が何をやったかっていうことです。再春荘の患者に対しても、支援者に対しても。ぼくは、中野重治らの国際派に気持ちの上では惹かれながらも、主流派について行って、その一兵卒として、この武装闘争方針を忠実に実行してきたわけです。

たとえば朝鮮戦争はじっさいは北から南に攻めこんで始まったわけですが、それを「北は悪くない、南から攻め込んだので戦争になったんですよ」って、そういうふうに言わなくてはならないし、自分でもそう信じている。それだけじゃなくて、ソ連のすることを全部合理化して擁護しないといけない。中共（中国共産党）のすることも、全部何から何まで擁護せねばいけない。それなのにあとで、それは全部間違いでした、と六全協でいうわけです。共産党というところは、指導部が変わると、これまでやってきたのは全部間違いでした、と。もう見事に何遍も平気でそういうことをやるところです。

ともかく、自分の党の幹部の野坂参三を、「彼はスパイでした」って平気で除名するところです。「野坂参三はスパイです」って除名するなら、本当は共産党を解党すべきでしょ。彼がスパイなら、「スパイがつくった政党に、何でお前らは入ってるんだ」っていうことになるはずでしょう。それなのに、指導部が変わると、前のことを間違いでしたと平気でひっくり返す。だからまずそれに、がっくりするわけです。要するに嘘ばっかり聞かされていたんだ、言わされていたんだなと。

だから、この六全協――これはまさに自分自身関わっているわけだから――で、自分自身の中に大革命が起こって、結局共産党を離脱した。じゃ何で自分がその共産党にそれまでずっといたかっていうことですね。ぼくは、六全協になって初めて自分自身の敗戦を迎えた、って書いた覚えがあるんですけど。

つまり敗戦で、いわゆる日本の帝国主義の誤りというものを、初めて意識したとしても、それはそれまで求めてきたような、非常に理想的なコミューンとしての天皇制国家――天皇制は抜きにしても

――そういう非常に理想的な一つのコミューン、アジアの人々の心が一つに溶け合うようなコミューンを作るという、そういう理想というか幻想があったから、ぼくはあの戦争を、軍国少年として、欧米の資本主義からアジアを解放する聖戦だと思って支持してきたわけです。でも、敗戦になって、それは全部間違いでしたということになった。

そうすると、戦後になって、今度は共産党に入ったのも、同じような、やはり人々の心が溶け合うような、そういう理想的なコミューンを自分は求めて、歴史は共産党という前衛が世界変革を進めることになるだろうと信じて、それでぼくは熱心な共産党員になったと。ところが六全協で、共産党がいままでやってきたことはすべて誤りだったというわけです。そういうことになると、結局、自分は何をやっていたんだということになるわけですね。つまり、軍国少年だった時とまったく同じことを共産党員になってしていたんだな、と。二度までも同じ間違いをしたんだな、ということがわかるわけですね。六全協、スターリン批判、ハンガリー事件があって、初めて、そのことを痛切に感じたわけです。一番大きかったのは六全協ですが。軍国少年から共産主義者へ変身した自分は、実は何も変わっていなかったと。生活の根拠なしに、ある理念から別の理念に移っただけだったと。これは大きな衝撃でした。ここからぼくの本当の戦後が始まるわけです。

ソ連のことも、スターリンが死んだあと、すごいスターリン批判が起きるわけです。しかも決定的だったのがその後に起きたハンガリー事件です。ソ連の戦車がハンガリーの民衆に発砲するんでは、もう終わりで、さすがに、目が覚めるというか。

それまで、ヨーロッパではスターリン体制に対しての批判は早くからあったことはあったわけです。一九三九年のヒトラーとスターリンの「独ソ不可侵条約」あたりから、もう、これはおかしいっていうことがずーっと言われてはいた。だけど、一方ではスターリンロシアを擁護する一流のインテリが絶えなかったわけです。フェビアン協会のある夫婦なんかは――ベアトリス夫婦、シドニー・ウェッブとベアトリス・ウェッブなんかは――ソ連に出かけていって、「ウクライナの飢饉なんてありませんでしたよ」とか、平気で言っているわけです。

こういう状況は、ソルジェニーツィンの『収容所群島』が出るまで続くわけですね。サルトルだって、毛沢東にいかれていて、文化大革命を支持したわけでしょう。それがストップしたのは、ソルジェニーツィンの『収容所群島』がフランス語訳されて、出版されて出てきてからのことです。あれでやっとストップしたんです。そういうことがあったのに、それでもなお、この傾向はずーっと続いているわけです。今でも、まだあるのかもしれません。

民衆の原像――黙って生き黙って死んだ再春荘の人々

しかし、共産党を出ても、いきなりそこでマルクス主義を捨てたわけじゃない。ぼくは卒論をマルクスで書いたわけですから。初期マルクスについて書いたわけですから。だとすると、どうやってそこでマルクス主義的な理念っていうものを救い上げるのか、っていうことです。これがやっぱり、テーマになってくる。自分ではやっぱりマルクス的な革命というものを放棄できない。そういうことに本当にケリがついてしまうのは、ずっと後になってからです。やっぱり時間がかかったわけです。

その時に生きてきたのが、やっぱり吉本隆明さんの思想なんです。要するに、この世に生まれて、女に、あるいは男に惚れて、ふつうに結婚して、子どもが生まれて、いっしょに子どもを育てて、そして最後には大きくなった子どもから背かれて、そのうち老いて死んでしまう。こういうふつうの生活をして、生涯をおえるのがいちばん価値があるんだよ、そういうふうな庶民の一生こそが、それこそが一つの理念なんだよ、と。これが民衆の原像だって、吉本さんは言うわけですね。マルクス主義のユートピアも結局そういうふつうの生活にあるんだよ、と。

やっぱりそこに帰着してしまう。ぼくはそこで、療養所の自分の体験を考えてみた。やはりぼくは日本の現実の民衆っていうのをそこで初めて知ったと思ったわけです。再春荘で出会った人には、忘れがたい人が何人もいるけど、そのうちの一人は色の真っ黒な農村青年。私が療養所に入ったのが、一八だったから、その人はせいぜい二五、二六だったんじゃないかな。もと兵隊で、非常に重症の患者で、色の黒い頑丈な体つきのまったくの農村青年でした。もう、無口な人で、何ものを言わない。ニコリともしない。自分の病気のことも何にも言わない。重症だったのに苦しいとも言わない。死を前にしても黙っている。ちょっと怖いみたいな人だけど、とてもいい人だった。黙って生きて黙って死んだ。そういう人のなかに一つ、やっぱり、民衆の姿というものがあるのだと思いました。

もう一人は、熊本商業を出た人だけど、やっぱり結核重症で、気難しいひがみの強い人であったけど、この人は、何か知らんけどぼくと仲良くしてくれた。そして、諦念ということを教えてくれた。ぼくより一〇ぐらい年上の人で、重症になって療養所で死んだんだけど、その前に共産党に入った。ぼくが再春荘を退院した後で、彼は共産党に入った。その頃手紙をくれて、「自分のよくない性格のために、共産党に入っても人から孤立しているようで、苦しんでいます」と、書いてありました。そんな手紙をくれた。そして私に、岩波文庫のヘーゲルの『小論理学』をくれたんです。その人は、それを全部読んでいる。岩波文庫の二巻を全部読み切っている。その証拠に青線が引いてあるんです。その青線の引き方を見て、「ははーっ、こんな読み方するのか」と、ぼくは驚きました。つまり本っていうのは、ある構成があり、ある段落があり、脈絡がある。傍線を引くならば、そういう脈絡の中で、重要なところにふつう引いていくわけですね。ところが、そうじゃない。「何でこんなところに線が引いてあるんだ？　何でこんなところが気に入ったんだ？」と思うようなところに引いてあるわけです。おそらくその一行の表現が、何かこの人に気に入ったんですね。「ははーっ。庶民っていうのは、こんな本の読み方をするのか」ってその時思いましたね。このことが一つの勉強でした。

もうひとつは、冗談ばかり言って、なんでも冗談にするわけです。彼らは、インテリと違って、自分の生活を、自分で笑いものにするところがあったんです。インテリは、自分の生活をものすごく大事にしている。庶民も、もちろん自分の生活は大事で、もうそこでのエゴイズムは強烈なものがあるわけですが、その一方で、自分の生活なんか何でもございません、冗談事でございます、みたいにするところがあるの。結核の手術で、ぼくもやっているけど、胸部形成手術という、肋骨を何本も取っちゃう手術があって、これはひどい手術で、手術した晩は、もう寝たっきりでもちろん起き上がれない。ぼくなんかはこの手術をやって、一カ月寝たっきりでした。ところが、ある青年が、その切除の手術をやったその晩に、病室から杖にすがってのこのこと病棟に顔を出して、みんなをびっくりさせたわけです。もうみんな、拍手喝采、大喝采です。だから要するに、その人は、そんなふうに、ふつう常識では動かせない体を、杖にすがって病棟に顔を出してみせた。命がけの冗談なんです。だからもう、庶民はこんなふうに自分の生活を冗談にして見せるんだなと思いましたね。結局その後彼も亡くなりました。

だから、再春荘が私の大学だったと思うんです。私はここで現実の民衆というものに初めて触れたわけです。そしてそういう実直な民衆の姿から、観念から観念へと、つまり軍国少年から共産党員へと無限に移動している自分というものを見直すようになるわけです。でも、そういうことが本当に身に染みてくるのは、ずうっと時間が経ってからでしたね。

結婚といまさらの大学そして『日本読書新聞』

話は前後しますが、この六全協があった昭和三〇年の春に、ぼくは亡くなったかみさんと婚約した。ぼくは大学なんか行く気なかった。ぼくの五高の時の同級生はみんな昭和二八年（一九五三年）の三月に卒業しちゃっているわけです。今さら大学なんて行く気はない。しかも勉強はちゃんと自分なりに再春荘でやっているつもりです。民衆というものがどういうものか知ったのもここでした。だから大学なんか行く気はなかったわけですね。

ところが、嫁さんの親が大学だけは出てくれって言いなさったんです。ぼくはまだ結核がよくなっていたわけじゃない。これは、あとで明らかになるんですが。体に自信はないし、上京するような金もないし。しょうがないから法政大学の通信教育に入ったんです。それでまあ、結婚して子どももできた。昭和三三年（一九五八年）の秋に結婚して、長女が、三四年（一九五九年）の一月に生まれて……。子どもができたから、できちゃった婚ですね。だから、子育てはぼくがやりました。かみさんは県庁に働いていたから。当時は産休が一カ月しかないんです。産休一カ月。だから、嫁さんが昼休み、授乳しに帰ってきていましたが、あとはおむつの洗濯から何から全部ぼくがやりました。

ところが、通信教育出たってしょうがない、って話になって。じゃあ、あとの二年間、本科の方に移るか、ということになって、ちょうどその長女が生まれた年の春から法政大学社会学部三年生で入りなおした。だからその時に上京したわけです。嫁さんと子どもはお袋のところに預けて、自分だけ単身でね。東京で暮らして、三年生の一年間いっぱいは通学したわけです。しかし、大学で学んだことなんかほとんど何もないね。

じつはぼくは、法政大学の前に、熊大を受けることにしたんです。熊大なんて、もう同級生はみんな卒業してしまっている。さっき言ったように、嫁さんになる人の両親が、大学だけは行ってくれって言うから、そりゃあ、大学行くなら私立大学は行く気ないからもう熊大ということで。でも、ぼくは病気だったから、どこも卒業してないわけです。熊中も卒業してない。四年で辞めている。五高も卒業していない。だから大学を受ける資格がないわけです。だから、大学受験資格から取りました。八科目あったのをぼくは一遍に取ったんです。

そのころは、高校の教員が、代用教員から正教員の資格を取りたいときに、大学の通信教育なんかに入りたい。そのための資格を持たんからそれを受ける人がいる。たいてい一年に一つずつしか取らない。一年に一回取っていってね。で、二、三年したら資格が取れるわけです。ぼくの場合は八科目全部一遍に取ったの。そして熊大受けた――受けたら、落ちました。なぜ落ちたのか。熊大医学部の看護学校にいた姉が、和田勇一先生っていう人に――彼は、熊大の英文学の大御所だけど、この人と姉とは懇意だったので――聞いたわけです。ぼくがなぜ落ちたのか。その人が言うには、「京二君は七番で試験に通ってたよ。レントゲン写真ではねられたんだ。どうしておれに言わんのだ？」って。「熊大受けますっておれに言ってたら、おれが教授会で、入学は一遍許しておくようにして、そして休学して療養とか、方法があったのに。しかしもう決まってしまったから、どうにもならん」って。

和田先生は五高で谷川雁の先生で、私が一学期通った時も『ディビド・カパフィールド』を習いました。その後谷川雁といっしょに先生にお会いしたとき、たった一学期習っただけなので、覚えておられるはずはないと思って、「初めまして」と挨拶したら、「初めましてということがあるか。君は廊下側の席の前から三番目にいた」とおっしゃったのには驚きました。

だから、国立大学受けたら、レントゲンではねられる。もうそのことがあったから、それで法政に行ったんです。ところが法政に行ってね、二年目、三年が終わって四年生になる時、一九六〇年の安保闘争が始まったわけです。それで雨の中デモに出たもんだから、そのすぐ後、学校の健康診断で、レントゲン写真で胸が悪い、悪化している、と診断された。それで休学です。五月に東京から熊本へ帰って、大学病院に入院したわけです。半年ぐらいで退院したけど、その年はずっと家にいたわけです。翌年が四年生だけど、病気が再発するかもしれないということで、自分に自信がなかったから、もうそのまま休学しました。

だから法政には、昭和三四年（一九五九年）まるまる一年、三年生で通った。昭和三五年（一九六〇年）は休学。昭和三六年は、四月に四年生の科目登録だけに行って、授業は一回、初めの第一講ぐらいは聴いたけど、一週間ぐらい東京にいただけで、あとは金が続かないので熊本に帰ってきました。

その後はずっと、熊本で過ごしていました。嫁さんが働いていたから、ぼくは子育てをして。それで、三七年（一九六二年）の二月になって、卒業試験を受けに行ったわけです。卒業試験を受けて法政を卒業した。同級生より八つか九つ上でした。だから、もう廊下で、学生がぼくにお辞儀するわけです。先生と勘違いして。ぼくは背広を着て学校に行ってたもんですから。

ところが、熊本に帰ってきていたら、卒業式の総代になったから出てこいって大学に呼ばれたわけです。つまりその年が社会学部が卒業生の総代を出す年だったんですね。要するに、ぼくが卒業試験で一番だったわけです。で、ぼくは行かないと言ったわけです。もう熊本に帰ってきているし、もう一度行く旅費なんかないし。しかし、どうしても来てくれないと困る、といわれて、それでわざわざ卒業式に行ったわけです。

で、総代になって、卒業の言葉とかを述べたわけですけどね。しかし、総代なんかうれしくもどうもない。しかも、何の足しにもならなかった。もう馬鹿でかいインクスタンドをもらっただけ。机の上に置いてても邪魔になるような（笑）。もう、何にもならなかった。

担任教授が、北川隆吉って人で、この人がまあまあ、ぼくによくしてくれました。旧制八高を出ていて、ぼくより一期上で、年が一つしか離れていない。彼が、「君の就職先を、法政大学出版局に、自分が話をつけといたから」と、そう言うから、法政大学出版局に行ってみたわけです。その時、出版局の局長が何て言ったか。局長は当時有名な科学評論家です。相島敏夫だったかな。「君は熊本に帰ってなかなか東京に出てこんから、他の人をもう入れちゃったよ、だから、今は空きはないよ」って。で、「君は愛想がいいから、感じがいいから、NHKのアナウンサーになんなさい（笑）。インタヴュアーになりなさい」って。「くそー！」って思いましたね。NHKに入れるようなら誰が来るかね？

そうしたら、その時『日本読書新聞』に谷川雁の弟の吉田公彦がいたわけです。彼とは熊本の五高で一時同級生でしたし、それで彼の口利きでそこにアルバイトに行って、ぼくは『日本読書新聞』でアルバイトで働いていたんです。『読書新聞』は自分の印刷所を持たないから、印刷所を借りるわけです。そこにはいろんな新聞社、業界紙なんか、自分で印刷所を持たないところがいっぱい来ていました。そんなふうに『日本読書新聞』にずっとアルバイトでいて、なんとか食っていた。

そのうち、公彦さんから説教されたんです。「あなたみたいにしていてもね、職は見つからんですよ」って。「じゃあ、どうすりゃいいんです？」「新聞を見なさい。新聞に求人欄っていうのがあるでしょう。そこをちゃんと見なさい」って彼が言うんです（笑）。「ははー、なるほど」って思って、それで何とかかって出版社が求人欄に出ていたから、そこへ行ったら、エロ本屋さんでした。でも、通らなかったけど。それから、紙屋さんにも行きました。紙屋に行ったら、そうしたら紙屋の言うことには、「あなたはね、うちにずーっとはいない人です。途中で必ず辞める人です」って。「そんなことはありません。私はずーっと働きます」。「あなたは今はそう思っていても、先で必ずいやになる人です」と。よく人を見ているわけですね（笑）。で、紙屋も駄目でした。

ところがそのうちに、『読書新聞』で職を案内してくれるところがあって、健康保険社という小さい健康雑誌を出してる会社に就職しました。そこが始まりで、そこでしばらく働いているうちに『読書新聞』に空きが出たので、『日本読書新聞』の正社員になりました。それが三七年（一九六二年）の暮れで、そこで女房子どもを東京に呼び寄せたわけです。

『読書新聞』に入ってからは、ぼくはもう吉本隆明さんのところに日参していました。吉本さんもたいがい迷惑しなさったと思います。やっぱり、吉本さんのところに、あの時期通ったというのがぼくには大きかった。思想面で何か肝心なことを吉本さんから教わったという気がしています。でも、ぼくは吉本さんに怒られてばっかり。あの人はだいたいが、やさしいのよ。たとえば大学の大学新聞の出版部の学生なんか来るとね、やさしいんです。ところがおれには怒ってばっかり。何遍も叱られましたね。吉本さんのなかに、こいつは生意気なやつだって思いがあったんだろうね。本当によく怒られました。吉本さんの奥さんがよくぼくを庇ってくれましたね。それから『読書新聞』に入って橋川文三さんとも、また縁が深くなった。その前に橋川さんの口述筆記のアルバイトをしたことがあったんですが。吉本さん、橋川さんと縁があったのが、その頃の自分にとって大きなことでした。

「水俣病を告発する会」が拓いたもの

やっぱり戦争中にぼくが理想として抱いていたような、人々が清らかな気持ちで一つに結びつくような、正直な清らかな社会をつくるという、そのころの軍国主義日本への信仰、そして共産党時代には今度は共産党というイデオロギーのもとで階級がなくなってみんなが平等になって一つに溶け合うような社会を作るという理想。実際の社会は、そんなものじゃないのに、わからなかったですね。

不思議なもんですね、あの共産党時代は。「モスクワ裁判」があったことは、ぼくもちゃんと知っているわけです。スターリンが何をやったか。それでトロツキーがどうなったか。ブハーリンがどうなったか。ちゃんと知っているわけです。それなのに、「スターリン万歳」だからなあ。あのときの気持ちはなあ……。今でも中国はそうだから。北朝鮮はそうだからね。

そういうふうなものが抜けてきたのは――やっぱり水俣病闘争だったですね。ぼくらがやった「水俣病を告発する会」の運動というのは、いわゆるこれまでの左翼の運動とはまったく違ったスタイルを取ろうと思ったわけです。たとえば患者がね、要するにごくふつうの感覚で、「何でチッソは、悪かったと言いなはらん」って言うあたりまえの感覚。これがふつうの娑婆であれば、わが子が隣の子どもに怪我をさせたなら、もうすぐに「すみませんでした」と謝りに行くところなのに。どうしてチッソは、口では悪かったと言いながら、落ち度はありませんって裁判で頑張るのか。これがわからんわけです。要するに庶民論理では、これが理解できないわけです。つまり、資本制的な関係、論理が、わからんわけです。ぼくなんかはすぐわかるわけです。「わざとしたんじゃありません、予見不可能でした」って言っているんだというのが。ところが、庶民にはそれがわからんわけです。そのわからんところがやっぱりいいんであってね。つまり、自分たちの共同体の身内の論理っていうのを、企業世界、一般社会にも当てはめていこうという、それがいいわけです。

ところが、それは要するに部落的なエゴイズムでもあるわけです。自分たちは、要するに患者になったら、部落差別を受けたわけでしょう。部落内で差別を受けたわけなんです。そのくせ、自分たちもやっぱり川本輝夫一派を差別するわけだ。自主交渉の川本一派を。川本さんという人は、やっぱりこの人は、まあふつうの庶民じゃない。彼は若いころ、やっぱり共産党に入っていたと思うんですよ。六法全書を脇に抱えて歩くような人だからね。ふつうの漁民じゃない。集会なんかに出ても、川本さんのような説き方をしたらね、訴訟派の患者たちはピンとこんばいっていうような話し方しかあの人はできないわけです。やっぱりあの人はインテリなんですね。

だけどね、ぼくらは川本派を、彼らの直接交渉を支持したでしょう。ところが「水俣病市民会議」ってのは、まったく私有意識なんだよ。「私の患者」って。とかく会長が小学校の教頭さんだから、患者をまるで自分の教え子のごとく思っていたわけです。完全に保護者意識。そしてだいたい、裁判やる度に、バス代から宿屋代から、全部おれたちで、「水俣病を告発する会」で持ったんですよ、全部。弁護士代までこっちが払ったんだよ。「市民会議」が払えないもんだからね。判決がおりて最後の東京交渉になって訴訟派は、川本派と一緒にチッソと交渉するわけです。それでいて川本派になるべく発言させまいとするわけです。自分たちの要求から先議しろってわけです。で、川本派と、利害が対立しているように思うわけだ。じつは対立してないのに。要するに、川本派の言い分と自分たちの言い分は、別だと思う。だから、川本派の言い分はもう発言させないでおいて、自分たちの発言をさせる。もう、これで大変だったんです。

しかも「市民会議」の女会長が、患者を引き連れて東京に上がった時に、「市民会議」のメンバーに、「みんな、患者を守って。取られんごつして」って言った。もう、これでぼくは、水俣の闘争は終わったと思いましたね。つまり、「告発する会」、つまりおれたちに取られんようにと。それで、「告発する会」は爆弾持ってきているからとか何とか、吹き込んでいるわけです。要するに、自分たちが患者を私有したいわけですよ、市民会議の連中は。患者に対しては、保護者意識。もうこれで、終わりだと思いましたね。

ぼく自身は、そういう水俣病闘争の経験を通して、さっき言った、若い頃からの政治的ロマン主義――簡単に言ったら、政治的ロマン主義だよね――そういう政治的ロマン主義とね、決裂するというところがあったわけです。

権力を遠ざける庶民の知恵

だけど、政治っていうのは、これは考えてみればつまらないものなんです。ぼくは今、「小さきものの近代」を『熊日』に連載しているけど、そこで強調しているのは、要するに、農民の自覚的な層が何を考えたかっていうことです。彼らは権力を否定しない。権力を疎外するだけ。なるべく権力と関係がないところに、自分の身を置きたい。年貢だけ納めて、あとは無関係でいたい。それができるのが百姓なんだと言うんです。天下国家のことは自分と関係がない。自分たちはそんな「政治」と無関係に、自分たち百姓だけの世界で生きていきたいという訳です。

残るのは、もう自分たちの生活だけなんだ。そこでうまく自分たちがやっていけるってわけなんです。それで、要するに、自分を拝めと言っているんです。自分は三〇〇〇年に一度しか咲かない「うどんげの花」だって言っているんです。自分がですよ、人間一般論じゃなくて、この自分がです。「毎朝、自分を敬え、尊べ」って、そして、「酒も飲め。三度三度、魚も食え」って。そして、とにかく街に行って、「味噌とか醤油とか自分の作ったものを売れ」って。自分のつくったものを。そうしたら食っていける。田畑がなくてもいい。田畑は河原と同じだと。

もちろんこう言っている南部藩の百姓は田畑の乏しい特殊な村の出身だったけれど、そういうふうな、自分たちの力だけでやっていく、天下国家のことは知らん、知らなくて済むという意識は幕末に至るまで農民だけじゃなく、一般庶民にもとても強かった。

フランスだって似たもので、ミシュレが書いてるんです。「フランス革命の最高点はどこにあるのか？」

要するに、連盟祭っていうのがあって、フランスの全国各地から集まってきて、歌ったり踊ったりした、連盟祭ね。ファランドール。その時に、何て歌ったか。「ああ、心が一つであったならば。体が一つであったならば、みんなと私の体が一つであったならば、心が一つであったなら」って歌った。これがフランス革命なのよ、ってミシュレが言ってるわけです。だから、本当はそういうものは実現できない。なかなか実現できないんだけど、やっぱり、そういうふうに、一つであれたらなあ、みんな一つであれたらなあという気持ちは洋の東西を問わず、庶民の中に在るものなのね。

そんな事はできないのよ。間違ってそういうことを追求すると、戦争中の日本になっちゃうし、スターリンロシアになっちゃうからね。だけど、「みんな一つになりたい」。この気持ちだけはね、根底にあるわけだ。だからみんなが一つになりたい、という潜在する希求をどんな形で、生かしていけるのか、ということだと思いますね。

想像力の欠乏した現代社会

現代という時代は、貧乏の克服や人権の保障については、かつてない高いレヴェルに達しつつある時代です。にもかかわらず、人と人の気持ちが大変通じにくい時代になってきています。これが現代の最大の問題で、私たちの生き方もみなその点に関わらざるを得ないと思います。これは大変むずかしい問題で、どうすりゃあいいのか、答えは簡単に出ませんが、もっと小さい問題で、すぐに改善できることはいくらもあります。

ひとつは言葉の問題です。私はテレビを見ませんが、食事時、ニュースだけは見ます。ところが何を言ってるんだかわからない。ひとつは私がモウロクして時代遅れになっているからですが、私に言わせると実に奇怪な日本語になっているので、私にはピンとこないのです。好まれるとかいやがられると言えばいいのに、「選好度が高い（低い）」とおっしゃる。こんな言い方、役人とテレビマンが協力して考え出すのでしょうか。冒険をリスク、立場をスタンド・ポイント、証拠をエヴィダンスと言い換えて、何の得るところがあるのでしょう。

五語で言えることを十語二十語で言う。直截な言い方が嫌われて、あいまいな表現で問題をぼやかしてしまう。「問題がある」とは言わない。「問題もある」という。何を怖れているのでしょうか。昔の庶民はピリッと来る、実にズバリそのものの表現をもっていました。肥後弁で「いさぎーこつ」というのは「ご大層なことで」というひやかしなのです。今こんな言葉が使える人はいません。

言葉だけじゃありません。今の大学院生や若い新聞記者は、桃太郎も大石内蔵助も知らないのです。ということは、カチカチ山も舌切り雀も知らぬし、源義経、楠木正成も知らぬ訳です。今のことしか知らない。これでよいのでしょうか。

人間が人種を超えて交流するのは素晴らしいことです。しかし、それぞれ固有の文化・歴史をもっているからこそ、交流が素晴らしくなるのです。ただ言語が違うだけで、アタマの中には現代の「情報」しかない人間同士がつきあって、なんの面白いことがありましょう。

三〇年ほど前、大学文科を出て図書館に勤めている若い女性から、「プーシキン？　誰それ」ときかれ、ショックを受けたことがありました。そのうち「ゲーテって誰？」と言い出すぞと思いましたが、きっともうそうなっているのでしょう。

「どうして悪いの？　なんで昔の人のことを知ってなくちゃならないの」とおっしゃるかもしれませんが、それはね、いろいろ知っていて初めて、人は自分のことも人のこともこの世のことも理解できるからです。近頃よく「人を殺して死刑になりたい」と言う人がいます。想像力皆無の証拠です。死にたいのなら、人を殺さなくてもクスリを飲むのが一番で、楽に死ねます。SNSとかで炎上して自殺するなんて人もいますが、世の噂のおそろしさを知らないのかしら。昔の人はそれを知っていたから、自分が噂の対象にならぬよう用心していた。それが今ではSNSと称して自分から噂の世界にとびこんで行く。つまり人間のことも世の中のことも知らないわけです。

ぼくはもう一生終わった人間で、今の世の中のことはわからないのだから、ここいらでムダ口はやめたがいいかと思います。でも人類は今大変むつかしいところに差しかかっていて、良い方向も見えているけれど、またまたと言いたいような状況に陥りつつある。互いに心せねばならないことが多いと思います。

解説　河合文化教育研究所における渡辺京二氏

加藤　万里

本書、渡辺京二氏の『夢と一生』が、ついにこの河合ブックレット・シリーズの最終刊となる。シリーズ最初の上野千鶴子著『マザコン少年の末路』から始まって三十数年、断続的にしか刊行できなかったシリーズだが、こうして渡辺氏の河合ブックレットで有終の美を飾れたことに、いまはいささか感無量の思いがある。

この河合ブックレットとは、本来は、河合塾が予備校生のために全国の河合塾で開いてきた文化講演会の中から、若い人々のやわらかい心に届くようなものを選んで本にしてきたものである。この文化講演会は、大学受験にすぐに役立つような目先の利益になるものを意図的に排し、むしろかれらの思考力や批判精神、他者への想像力をじっくり養うことを目指して、有志の河合塾講師たちが自発的に開いてきたというところにその特色がある。河合ブックレットも、その思いを引き継ぐ形で作ってきた。

本書は、二〇二二年七月二〇日に、渡辺氏の熊本の自宅に伺って、そこで氏の前半生について自由に語っていただいたものをブックレットにしたものである。植民地大連での南山麓小学校と旧制大連一中時代、敗戦と過酷な二度の冬越え、大連日本人引揚対策協議会でのコミュニズムとの出会い、熊本への一年半遅れでの引揚げ、旧制五高入学と日本共産党入党、大喀血、再春荘病院への入院と党活動、六全協（日本共産党第六回全国協議会）の衝撃と離党……。

渡辺氏の記憶は七〇年八〇年前のものとは思えないほど鮮やかで、話は細部まで具体を極め、少年時の氏の内面描写までも自己批評の利いた語り口で展開された。また、これまでの氏の本ではNやSなどと頭文字にされていた南山麓小学校のクラスメイトも、今回は実名が出された。九十歳を越えて、何か内心でふっきれるものがあったのだろうか。今回の氏の話を聞いていると、そこから氏のなかに一貫して流れる〈民衆をめぐる見果てぬ夢〉といってもよいようなものが浮上してくる。この切なくも、ある普遍性に触れてしまっている夢については、あとで確認したい。

一九世紀後半、ペリー来航に始まる西欧の資本主義世界が日本に迫ってきたとき、それまでこの列島のどこにもなかった資本制市民社会をもとにした「国民国家」と、その器を満たすべき「国民」を早急に捻出せねばならなくなった明治維新政府は、同時に古代的遺制の天皇をもあらためて担ぎださざるを得なくなった。「帝力われにおいてなにかあらんや」という、権力とまったく無縁のところでまどろんでいたこの列島の民衆を、「日本」という新たな統一国家の「国民」として生まれ変わらせるためには、古代にまで遡及できるような共同幻想の装置がぜひとも必要だったのである。この天皇というフィクショナルな存在は、過剰なまでの古代的粉飾を施されて近代に組み込まれ、戦後その主要な役割を終えたのち、いま眼前にあるようなものへと変化を遂げている。

この、未来へのベクトルと過去へのベクトルを同時に併せ持つ逆説的な日本近代のからくりのど真ん中を、最初に鋭く衝いたのが、渡辺京二氏である。そして西欧列強の外皮だけを模倣したこの維新革命に対して、オルタナティブな独自の近代を求めて、第二革命を果敢に試みながらも斃れていった佐賀の乱、神風連の乱、萩の乱などから明治十年戦争に至る反乱の当事者——主に下級武士たちを、膨大な資料をもとに一人ひとり掘り起こし、彼らの内側から深い思いを込めて描いたのも氏である。

氏は、私たちがいま自明のようにして生きているこの社会、つまり不幸にも「市場経済が社会を全面的に従属させる独自な領域として自立して」（「人類史と経済」）しまった社会、とくにこの三〇年来の急激な新自由主義的市場経済の席巻によって、自然だけでなく人間の内面までもが崩壊の危機に瀕しているこの現代社会の淵源を、内側からの継続的な革命と変革をなしえなかったこの明治維新に求め、それについて独自の考察を深めてきた人でもある。

こうした氏の仕事は、「アジア的共同体」にいまだに足裏を浸されたままのこの日本近代というものの負荷と可能性をみきわめ、それを人類史の長いスパンのなかに正しく位置付け直すことだとも考えられる。

異端な人々の集合体としての河合文化教育研究所

あまり知られていないが、渡辺氏は、河合文化教育研究所の長年の主任研究員であった。それ以前に、河合塾福岡校の創設時（一九八一年）からしばらくは、福岡校の現代文の講師でもあった。このことが氏の仕事を経済面から下支えしたことは間違いないし、それは本人の言でもあるが、むろんそれだけであるはずがない。迂遠なようだが、ここで河合文化教育研究所（略称・文教研）における氏について、紹介しておきたい。

河合塾は、福岡校を開校する時に、九州の文化圏で反時代的なすぐれた思想活動をしている人々を講師に招きたい、という一部の講師の希望をかなえようとしたといわれる。予備校生の持つ潜在的な力を十分に引き出せるのは、授業が技術的にできる人よりも、時代に真剣に対峙している人々だろうと考えてのことである。当時の河合塾には、そういうしなやかさと懐の深さがあったといえよう。

八〇年代後半、河合ブックレットを作るためにこの文教研にやってきた私は、福岡校の講師に渡辺京二氏がいると知って、のけぞるほど仰天したことを覚えている。渡辺京二という思想家をめぐるこの手の体験は、おそらく当時の氏の著書を読んだ人にはひとしくあると思うので、大げさに言挙げするほどのことではないかもしれないが、いずれにしても、氏を講師として招いた河合塾とはいったいぜんたいどういうところなのか、どんな底知れない奥行きをもつ予備校なのか、と思ったのは事実である。その数年前に偶然、氏の評論集『小さきものの死』を読んで、これまでにない衝撃を受けた身にとっては、その氏が河合塾講師だという発見は、なにかとんでもない出来事に思えたのである。

ちなみに河合塾そのものは、来てすぐにわかったことだが、仰天するほど奥行きの深いところではなく、むしろ底上げされたいい加減さが目立つところだった。とはいえ、奥行きの深さと底上げされたいい加減さがまだら模様に入り混じったところに、逆にこの予備校のポテンシャルを絶妙に上げている理由があるとも思えた。

そのころから、氏の河合ブックレットをつくりたいという願望をずっと持ってはいたのだが、なぜかタイミングを逸したまま、ついに二〇二二年に至ってしまったのである。氏が文教研の主任研究員になられてからは、毎年春に京都御所近くで開かれていた文教研の主任研究員会議でお目にかかっていたので、直接ブックレットについてお願いする機会もあった。だが、

『逝きし世の面影』が一世を風靡したあと、氏の旧著の復刊も含めての怒涛といってもいいような出版ブームが目前で巻き起こるのを茫然とながめているうちに二〇年の時がたってしまった、としか言いようがない。

渡辺氏を主任研究員に招いたこの河合文化教育研究所は、研究所とは名のつくものの、どこにもないような奇妙な研究所だといえる。母体は予備校の河合塾だが、予備校という受験産業を彷彿とさせるものはここには何もない。とにかく何をやるのも何を批判するのもまったく自由で、全員が形にならないような夢だけを追っているような研究所だった。主任研究員のオブリゲーションと言えば、年に一度の主任研究員会議に出席して自分の仕事について発表することだけである。なにもかもが自由というかルーズというか、ある意味理想的といえば理想的な研究所であった。逆にそのために、日独、日仏、日中などの多くの国際シンポジウムが生まれ、また精神医学と哲学の境界を超えた初の試みである「河合臨床哲学シンポジウム」など、二〇年近く続いて独自の成果をあげたものもあった。

この文教研には、その創設から深い関わりをもつコアな河合塾講師の一群がいた。七〇年前後のいわゆる「全共闘運動」後、大学に残らずに河合塾に来た人々で、それぞれの主任研究員をこの研究所に招いた講師たちでもある。「近代公教育」、つまり排他的な国民国家を支えるための国民の養成機関としての「近代公教育」を問い、戦後民主主義を問い、さらに近代のあらゆる自明性を問い直すことによって、結果として河合塾の「予備校文化」なるものを創り出していった人々である。

一方で主任研究員には、制度化され細分化された現今の学問への批判と、それについて何の構想力もなく、ただ重箱の隅をつつくような研究をして業績を上げようとする研究者たちに対して、ほとんど憤懣に近いような批判があった。講師と主任研究員のどちらの側にも、この状況を変えていきたい、この鞏固とした近代に風穴をあけたいという志向において、漠然とした共通の夢があったのである。

もともと予備校とは、公教育からも大学からも外れた社会の周縁の存在である。周縁にいるからこそ、逆にこの社会の問題がシャープに見えることもあり、そこから河合塾本体は、受験産業の視点から国の教育改革についてのさまざまな提言などを積極的にやってきていた。文教研も、この中心に対する周縁という逆転の構造のなかにあったが、こちらは、この資本主義市場に適応するような人間形成を目指すだけの国の教育改革についてはほぼ厳しい批判に終始した。この両者の引き裂かれ具合が、「予備校文化」の核を作ったといえるのかもしれない。

この文教研には、渡辺氏が来られる前には、数学基礎論の倉田令二朗、作家の小田実、哲学の廣松渉各氏が、そして氏と同期には、精神医学の木村敏、東洋史学の谷川道雄、フランス一八世紀思想の中川久定、生物学の長野敬の各氏が主任研究員として存在していた。二〇一九年に新たに主任研究員になった科学哲学の野家啓一氏を除いて、いまは全員すでに鬼籍に入られたのだが、この人々は、ある意味では全員それぞれ異端者というか反主流の側面をもった人たちだったと言える。

七〇年前後の大学闘争時に一時「造反教官」だった廣松渉氏や「べ平連」(「ベトナムに平和を！市民連合」)を立ち上げた小田実氏はむろんのこと、実は木村敏氏も脳の病変のみに注目する主流のアメリカ型の精神医学を強く批判し続けるいわば「反科学者」であり、また、谷川道雄氏は唯物史観を応用して事足れりとする戦後の東洋史学を批判して「共同体論争」を起こした人である。中川久定氏にいたっては、もはや日本の学界と研究者に愛想をつかして、フランスで著作を出版するというありさまであった。

渡辺氏に関していえば、世界の資本主義システムに参入することだけをなりふりかまわず目指したこの明治維新以降の日本近代総体を包括的論理的に批判しただけでなく、六〇年末に「水俣病を告発する会」を立ち上げると、チッソと国のみならずその背後にひかえるこの近代総体を敵に回して、水俣病の一部患者とともに実際に体を張って闘ったことにおいて、すでに異端であった。その異端さの徹底のゆえに氏は、まさしくこの研究所のかなめになる人物であるともいえた。氏があるときの主任研究員会議で、「文教研は運動体である」と言われたのだが、これはことの次第をよく見抜いていた氏らしい評言であり、またそうあるべきだという氏の思いでもあったと思う。

要するに、文教研には思想の屈折の濃いそうした人々が主任研究員として招かれていたことになる。いずれにしても、文教研の主任研究員会議とはそうした異端めいたものを孕んだ個性がぶつかる場であり、主任研究員同士にも毎回目に見えない緊張が走っていた。

渡辺氏を中心とした思想のひびき合い

とはいえ、ここにはまた、彼らのあいだで不思議に響き合うものもあった。たとえば木村敏氏の後期の生命論には、「ビオス」と「ゾーエー」という、個的生命とそれを裏から支える大きな生命の流れの二重性が考えられており、そこから氏独自の生命論が展開されているのだが、渡辺氏にも「生命現象をもそのうちに含む自然過程」なる発想が一貫してあり、国木田独歩を引く形で「社会生存」と「天地生存」の二重性が考えられている（「なぜいま人類史か」）。つまり氏には、人間の歴史よりももう一回り大きい生命現象そのものが、その視野の内にとらえられていたのである。ここをもう少し掘り進めていけば、渡辺氏と木村氏の、個的生命が分節化して出てくる前の宇宙的生命とでもいうべき共通の基盤が露わになるのではないかと、話を聴いていて思わされたものであった。

谷川道雄氏は、魏晋南北朝時代の「共同体論」が重要な研究テーマの一つになっているが、むろんこの彼の「共同体」と渡辺氏の言う「共同体《コミューン》」とは位相のちがうものである。しかしながら、「共同体」はフラットなものではなく良くも悪くもその中に階層性を含まざるを得ないとみる点で、また「共同体」を俗流唯物史観に対する否定物としてみる点で、そしてとりわけそれを資本制市民社会を突破する一すじの可能性を持つものとみる点で、彼らには深部で共通するものがあった。余談ながら、谷川道雄氏は、谷川健一、谷川雁といういわゆる谷川兄弟の三男にあたる。本書に出てくる吉田公彦氏はその末弟である。渡辺氏は、若い頃よりこの健一氏、雁氏との親交が深かったのだが、じつは彼らよりも道雄氏の方を人間として好んでいる風があった。興味深かったのは、水俣の谷川家では「健一と雁がともかく威張る」と二人ともに言ってらしたことだ。この、なにかと威張りたがる長兄と次兄のさまざまな逸話については、道雄氏からは何度も聞いていたのだが、まさか渡辺氏まで同じように見ていらしたとは、今回の雑談時にうかがって初めて知ったことである。

中川久定氏とは、この主任研究員会議で歴史における「エピソード」の重要性について話が盛り上がり、そこから二人の対談の企画が文教研の中で持ち上がったこともあった。エピソードは、よく知られているように渡辺氏の重要な歴史叙述の方法の一つである。『逝きし世の面影』は、このエピソードをコラージュする形で著わされているといえなくもない。氏は、日本近世近代をめぐる思想家であるというだけでなく、実はヨーロッパの近世近代への造詣も舌を巻くほど深い。逆にディドロ研究者として知られる中川氏は、大分の旧岡藩の中川家直系ということもあって、同じく日本の同時期に実存をかけた関心と知識がある。二人の専門領域を交叉してのこの対談は、画期的なものになると思われた。
当初、この対談に中川氏は大いに乗り気だったが、渡辺氏はそれほど乗り気ではなかった。そのため、河合塾福岡校講師の茅嶋洋一氏に頼んで、氏の熊本の自宅――熊本の健軍神社近くの閑静な住宅地にあった――まで対談のお願いに一緒に行ってもらったものである。この福岡校に渡辺氏を講師として招いたのも、その後文教研に主任研究員として招いたのも、この茅嶋氏だったので、彼からの頼みなら聞いてもらえるかもしれないという、まさに他力本願を地でいったのである。これは、成功すれば面白い対談になったのだが、結局、渡辺氏の消極的な了解を取り付けながらも、その後紆余曲折あって残念なことに実現しなかった。ちなみに茅嶋洋一氏とは、戦後三大教育裁判の一つと言われる伝習館裁判の原告として、あの『伝習館・自立闘争宣言』を発して、伝習館闘争を全国にひき起こした人物である。

この数年間に立て続けに主任研究員と文教研に関わった河合塾講師の多くの人を失ってしまったいま、もはや文教研の主任研究員会議は開催できなくなってしまっている。いまになって、さまざまな思想が活発に行き交ったあの稀有な空間は何だったのだろうと思い返すのだが、その中でいつもひっそりと目を閉じて、ほかの人々の話を聴いていた氏の端然とした姿が懐かしくしのばれる。

二度の挫折と民衆体験

二〇二二年六月、私自身が、二〇二三年三月にこの仕事を引くという段階になって初めて、熊本の渡辺氏のところに河合ブックレットのお願いに伺った。つまり当時から考えてあと九カ月ほどしか時間が残っていないという、もはやあまりに遅きに失した感があるなかでの無理を承知のお願いである。ここで氏の河合ブックレットをあきらめては一生後悔することになるだろうという、その一心に突き動かされてのことであった。心底ほっとしたことに、氏からは親切にもあっさりした了解をいただき、その時に翌七月にお話を伺う許可を得た。その七月にあらためて語っていただいたものが、本書『夢と一生』である。

氏の中に一貫して流れているもののことを〈民衆をめぐる見果てぬ夢〉とひとまずいったが、では、その夢とはなにか。そしてそれはどのように培われたのか。幼少期から読書好きの早熟な子どもとして他の子どもたちから孤立していた氏にとっては、民衆とは、一面ではどこまでいってもついに自身がその内部に立ち入ることができなかった存在である。だが一面では、氏自身も一人の生活者として水面下では民衆とつながった存在に過ぎないともいえる。氏の夢とは、氏をもその末端に含むそうした民衆が、この「「契約」と「合理性」を原理とする利害の体系、すなわち資本制市民社会」(「ナショナリズムの暗底」)、つまり「人間に対して敵対的な」「人間性に挑戦する文明」(「逝きし世と現代」)を、個としてのり越えた未来のかなたに、いつか実現させるはずの自立した民衆の「共同性」のことである。個のアトム化ではなく、個の深化と、それをもとにした「共同性」。それが氏の一生をかけての夢だったのではないかと思う。ここには、近代と前近代を貫通し未来に向けての人間の復権をめざした基本的な人間の在り方がある。

氏が近代を問うときには、常にこの「共同性」への見果てぬ夢というものの裏付けがあり、その向こうには氏の胸の内にいまなお生きている名もなき人々の顔がある。氏のひねりのきいた、人の思考を刺激してやまない独自の文体を支えるものは、そうした名もなき人々への哀惜と、哀惜のみでそれを終わらせていいのかという自らへの厳しい問いである。それが、私たちを根底から揺り動かすと同時に私たちを励ますのである。周回遅れになってもそれでも氏の河合ブックレットを作りたいという思いも、そういうところから来ている。

本書は、氏の若い時の前半生について語っていただいたものだが、その中にこうした氏の独自性がどのようにして生まれ育まれてきたかという、その萌芽のようなものが出ている。それは氏の民衆の原体験ともいわれる再春荘病院での民衆体験と、氏の二つの挫折である。

氏が結核で入院した再春荘病院で出会った民衆は、「小さきものの死」という、氏の最初期のあまりにも有名なエッセイに出てくる、天草から送り込まれ一夜のうちに続けて亡くなった母と娘の哀しい存在にまずは代表される。が、それだけではない。再春荘での闘病生活がそのまま人生のすべてとなり、その果てに亡くなっていく重症患者に接して、「やはりぼくは日本の現実の民衆っていうのをそこで初めて知ったと思った」と氏に言わしめた民衆がいる。

「再春荘で出会った人には、忘れがたい人が何人もいるけど、そのうちの一人は真っ黒な農村青年。（中略）もう、無口な人で、何ものを言わない。ニコリともしない。自分の病気のことも何も言わない。重症だったのに苦しいとも言わない。死を前にしても黙っている。ちょっと怖いみたいな人だったけど、とてもいい人だった。黙って生きて黙って死んだ。そういう人のなかに一つ、やっぱり、民衆の姿があるのだと思いました。」（本書61頁）

この再春荘で出会った「忘れがたい人」には、ほかに岩波文庫のヘーゲル『小論理学』二巻を読み抜き、氏にとっては理解不可能なところに自己流の傍線を引いて自らの生きた証とした青年と、ろっ骨を何本も削る大手術後の夜に杖にすがって病棟に姿を現すという命がけの冗談をやって、病棟の患者から大喝采を浴びた青年が、あるいとおしさとともに紹介されている。

「私が例をあげたあの青年の、手術の当夜に病棟に現れてみせるという「冗談」は、彼のうちにうずまいている何ものかの表現ではなかったのだろうか。このような民衆の非日常的なものへの感覚や衝迫は、階層を下降するにしたがい、市民社会から遠心的に疎外されるにしたがって、鮮明かつ強烈になる。」（「民衆論の回路」）

彼らはその後、この再春荘から社会に帰ることもなく全員亡くなった。自分に与えられた環境の中で、何ら不満を漏らすこともなく自分の運命を受け入れ、植物のように黙って生き、わずかな生の軌跡を残すことに甘んじて黙って死んでいった人々。非日常的なものへの切ない衝迫を秘めながらも、ほとんどそれを表現する機会もなく、そういうものとして人生を受け入れて逝った人々。渡辺氏にとっては、とうてい自分にはかないそうもないと思わせる民衆の姿だった。こういう沈黙の民衆の対極に、再春荘で活発な共産党活動を展開していく渡辺氏はいたのである。かれらの存在が、氏の背後から常に彼を撃っていることを、氏が知らないはずはない。

氏の思想の萌芽とは、この民衆体験と二度の挫折――軍国少年の時のそれと日本共産党の六全協の時のそれ――に関わっている。とりわけ、共産党経験をめぐる挫折の意味は大きく、本書では、実際この共産党経験が大きな比重を占めている。

「ぼくは戦争中は上から締め付けられる軍国主義の雰囲気が嫌いで、学校でそれに反抗していたくせに、それでも観念の中では日本という国を、神聖な戦いを行なっている神聖な国だと信じていたわけですね。まったくその戦争中と同じように、当時、共産党っていうものをぼくは信じていたんですね。だから、ぼくは本気で、すべてを党に捧げつくす、自分の持っている時間も何もかもすべてを党に捧げつくすと思って活動したわけです。」（本書50頁）

る。まず氏は、軍国少年としての理想を国家から裏切られるという敗戦時の第一の挫折を経験する。

「理想郷とはどういうことかというと、つまり、日本というのは正直な国である、心が清い国である、とても素直で、心がきれいな国である、というふうに子ども心に思っていました。（中略）国民のなかに一人でも、不正に泣くようなものがあってはならない。そんなふうに天皇さんが見ている国なんだと。」（本書20―21頁）

こうした理想が全く虚妄なものに過ぎなかったという反省と、軍国少年だったことへの反動もあって、一九四八年三月、氏は、階級のない平等で理想的な社会を作るために、今度は一七歳で日本共産党に入党する。観念の中での理想の転換に過ぎないとはいえ、民衆をめぐる氏の思いはどちらの場合も真剣で誠実である。しかしそうして入った共産党とは、上意下達が貫徹したまったくの階級社会であった。しかも一九五〇年の朝鮮戦争勃発後の東アジア情勢の緊張とそれに伴う党の非合法化にあって、党は主流派（所感派）と国際派に分裂し、党内闘争の混乱に陥る。山村工作隊など武装方針をとる主流派に残った氏は、党の体質というものをすでに見きっていたのに、主流派としての党活動を自らに強いていく。こうした無理な事態にとどめを刺すように、一九五五年の六全協が起きたのである。

「「六全協」というのは、もうばかばかしいような話で、それまでやっていた、つまり共産党のこれまでの武装闘争方針を放棄して、自分のやっていたことは全部間違いでした、って主流派が自己批判したわけです。それは、大まじめに武装闘争をやってきたぼくにとっては、天地がひっくり返るような衝撃でした。アホらしい限りなんです。たとえばこの分裂した共産党の時代に、ぼく自身がなにをやったかっていうことです。再春荘の患者に対しても、支援者に対しても。」（本書57頁）

氏は自身の挫折の経験を通して、運動の「前衛」を騙る組織のもついかがわしさを身をもって経験する。この経験があったからこそ、のちの「水俣病を告発する会」の新しい運動スタイル――運動の指導者を僭称する一切の前衛を排し、水俣病患者の自立に賭け、組織を固めないで自発的参加者の流動性に耐える、というそれまでの日本の運動にまったくなかったものを出すことができたのだ。だからだれもが予想もしていなかった厚生省占拠などの実践的な闘いを拓くことができたのだと思う。

この「水俣病を告発する会」の闘争は、本書では少ししか触れられていないが、氏の共産党経験を否定的媒介にして成し遂げられたものである。この氏の共産党経験とその十数年後の水俣病闘争とは、その意味では、完全にネガとポジの関係にある。この否定としての共産党経験があるからこそ、その否定の否定としてのあの氏の「水俣病を告発する会」というまったく新しい地平を切った闘争があったのだ。

氏の一連の仕事、色川大吉氏に「逆説史観」と名づけられた独自の仕事は、この「水俣病を告発する会」で氏が自立を目指す水俣病患者に徹底的に「同行」したことによって、つまり初めて民衆に肌で接することによって、その一層の深みを開いたのではないかと思う。

「運動とか闘争とかに何らかの意味があるのは、それが徹底した生活民の自立の方向を志向している場合だけである。」「水俣病闘争とは、生活民――それも水俣病患者・家族という特殊な集団が、日常の基底から彼らの真の欲求の高みまで、息をじっくりとつなぎながら、かけのぼっていく長い過程である。「水俣病を告発する会」は、その患者の試行と最後まで行をともにすることを決意し、会の存続も破滅も、すべて患者を基準におく同行者集団である」(「現実と幻のはざまで」)。

氏の独自の仕事を支えるもの

氏の仕事の全体をいま眺めてみると、あらためて「民衆の共同性」に夢を託す氏の、少年時の共産党経験が持つ反面教師としての重みが見えてくる。〈民衆をめぐる見果てぬ夢〉とは、市民と市民的権利で表層を糊塗しながらも、実は身もふたもない資本の暴力的な利益の追求こそをめざすこの資本制市民社会に抗して、そこに包摂されない、「市民社会から遠心的に疎外され」た基層の民衆がいつの日か自立してうちたてる「共同性」のことである。これこそが、氏の日本近代全般にわたる見果てぬ夢なのである。

「同時にそれは、西欧的な市民社会の論理では絶対におきかえることのできない部分でもある。それは領域的には、国家権力の支配からもっとも遠い自然的な生の円周そのものであり、それが本来ふくんでいる共同的な位相の欲求は、人類史上、具体的な形象としてもっとも実現しにくいもののひとつだということができる」（「ナショナリズムの暗底」）。

渡辺京二という人は、どこまでも一筋縄ではいかない思想家である。

それは氏の、否定を媒介にしたひねりの利いた文章を読めばだれにでもわかることなのだが、この文章こそが彼のあの独自の思想、シャープだが実はよくよく考え抜かれたバランスのとれた思想を担保しているのではないかと思う。

彼の文章は、彼がそのときどきに思考の対象にしたものを――こなれない言い方をするなら――まさに弁証法的吟味とでもいうようなものをかけることによって成り立たせているような文章である。つまり、まず、自らが思考しようとするその当の対象を鋭くまなざす、しかる後に翻ってそのように対象をまなざした自分自身のありようをみつめ直す、その対象と自己への折りたたまれた視線の吟味を経たうえで、もう一度改めて対象をより深くとらえ直す。このとき、対象についての彼の判断は、それを否定する判断にいったん晒され、その二つが思考のまな板の上で吟味されたうえで、最後に対象についての合理的総合的な判断が取り出される。こうした否定を媒介にした二重三重の吟味と反省が常に自明のように織り込まれているのが氏の文体であり、それが氏をして一ミリたりとも紋切り型に落とし込むことなく、独自な文章を書かせている。そしてこの弁証法的方法は、氏の文章だけでなく、歴史の捉え方にも及んでいる。

「人類史における前近代・近代・そして不定の未来という展開もしくは継起について思いめぐらすとき、ヘーゲルのかのアウフヘーベン（止揚・揚棄）という着想を、私は脱ぎ棄てることができません。この螺旋的な展開の概念は、けっして単純な発展や進歩の観念ではありません。」

「来るべき新しい時代は、近代という人類史上特異な、あえていえば異常な時代と、それによってうち滅ぼされた前近代との対立を止揚するものでなければなりません。それは近代の自足した局限的な思考枠組みと価値観をのりこえ、ある意味で前近代の神話的・コスモス的世界観を甦らせつつ、しかも近代が切り開いた知と市民的自由の地平を確保するものでなければなりません。」（「ポストモダンの行方」）

近代をその根源から批判しながらも、けっして前近代をたたえるだけの後ろ向きのロマン主義者にならず、両者を全身で受けとめながら、あるべき未来を両者のその止揚の先に考える。その時、自立した民衆の「共同性」という夢も実現の端緒を開くはずである。氏の夢は、まだ終わらない。そして氏の夢が孕む問いは、私たちにも向けられている。

〈付記〉

二〇二二年一二月二五日、渡辺京二氏が急逝されました。九二歳でした。前夜の一二月二四日までいつも通りお元気で、この本の最後の校正もきちんとご覧くださっていたと、ご遺族よりお教えいただきました。

まさかお亡くなりになるようなそんな予感も気配もみじんも感じたことがなかったので、衝撃を受けています。まだまだ氏の人生においてお書きになるべき重要な課題がいくつもあり、またお書きになる意欲も十分おありでしたので、本当に残念でなりません。

氏の、なんでも見通しているようなあの少しシニカルな、でも心根の優しい話しぶりをしみじみ思い出しながら、ここに心からのご冥福をお祈り致します。

（二〇二二年一二月二七日）

著者略歴

渡辺 京二（わたなべ きょうじ）

1930年京都市生まれ。

硯台小学校、旧大連一中、旧制第五高等学校を経て法政大学社会学部卒業。

日本読書新聞編集者、河合塾福岡校現代文講師を経て、2022年まで河合文化教育研究所主任研究員。

日本近代思想史家。思想家。評論家。

熊本県近代文化功労者（2021年）。

主な著書 『北一輝』（毎日出版文化賞、朝日新聞社）、『評伝宮崎滔天』（書肆心水）、『神風連とその時代』『なぜいま人類史か』『日本近世の起源』（洋泉社）、『逝きし世の面影』（和辻哲郎文化賞、平凡社）、『渡辺京二評論集成』全四巻（葦書房）、『江戸という幻景』『近代をどう超えるか』『アーリイモダンの夢』『未踏の野を過ぎて』『もうひとつのこの世』『小さきものの近代Ⅰ』（弦書房）、『黒船前夜』（大佛次郎賞、洋泉社）、『維新の夢』『民衆という幻像』（ちくま学芸文庫）、『細部に宿る夢』（石風社）、『バテレンの世紀』（読売文学賞、新潮社）、他多数。

夢と一生

2023年2月10日　第1刷発行

著者　渡辺京二©
発行　河合文化教育研究所
〒464-8610　名古屋市千種区今池2-1-10
TEL　(052)735-1706㈹
発売　㈱河合出版
〒151-0053　東京都渋谷区代々木1-21-10
TEL　(03)5354-8241㈹
印刷製本　㈱あるむ

ISBN978-4-7772-0468-7

1 マザコン少年の末路
●女と男の未来(増補版)
上野千鶴子

「マザコン少年」という日本的現象の背後に横たわる母子密着の病理を通して、女の抑圧の構造を鮮やかに切り開く。本文の「自閉症」の記述についての抗議に対する新たな付論つき。(解説　青木和子)
750円

2 科学とのつき合い方
(新装版)
高木仁三郎

起こるべくして起きた福島第一原発の重大事故。実験不可能な巨大科学の危険性に警鐘を鳴らし続けて逝った著者が、等身大の科学の重要性を心を込めて語る。新たな解説を付す。(解説　白鳥紀一)
750円

3 現代文学はどこで成立するか
北川　透

言葉のパフォーマンスによって近代文学の挫折をのりこえようとする現代詩。その可能性を、グリコ森永事件やコマーシャルコピーから展開した全く新しくユニークな文学論。(解説　山田伸吾)
400円

4 ディドロの〈現代性〉
中川久定

十八世紀ヨーロッパの近代的知の光の中で、その全領域に関わりながらも、周縁=闇の復権をめざして早くも近代を超える新しい〈知〉を創出していったディドロの思想を考える。(解説　牧野　剛)
400円

5 境界線上のトマト
●『遠雷』はどこへ行くか
立松和平

「遠雷」「一寸法師」など、異空間異文化間の境界と交渉をモチーフとした物語の解読を通して、文化の活性地点としての境界線上から、日本社会の内なる解体の行方を問う。(解説　茅嶋洋一)
400円

(表示価格は本体のみの価格です)

河合ブックレット

6 近代を裏返す
●魔術的世界からSFまで

笠井　潔

神秘主義からフリーメーソン、SFまで、〈近代〉に排除されつつも地下深く流れてきた反近代的水脈を掘り起こし、アポリアとしての近代の突破を試みた魅力的な反近代論。（解説　高橋順一）

750円

7 学問に何ができるか

花崎皋平

閉鎖的な専門研究に収束していく大学の学問の対極に、生きることの豊かさとおもしろさを深める真の学問を考え、その可能性を現実との学び合いと自己発見に探る野の学問論。（解説　公文宏和）

400円

8 〈情報〉を越えて

柴谷篤弘

生物学の情報化が生命を制御の対象としその尊厳を奪ってきた反省から、情報をもう一度考え直し、情報化社会の中で制御の網を破って人が自分の可能性を開く方法を考える。（解説　河本英夫）

505円

9 数学の天才と悪魔たち
●ノイマン・ゲーデル・ヴェイユ

倉田令二朗

20世紀を彩る天才数学者たち。彼らの非凡な頭脳とその俗物ぶりを愛とユーモアをこめて縦横に切りまくりつつ、現代数学のディオニュソス的地平を明した痛快無比のエッセイ。（解説　森　毅）

680円

10 思想の現在
●実存主義・構造主義・ポスト構造主義

今村仁司

近代的〈主体〉を賭けて闘われた実存主義と構造主義の交替劇からダイナミックなポスト構造主義の登場まで、思想のドフマを軸に、いま思想に何が問われているかを打ち出す。（解説　小林敏明）

680円

11 人と人とのあいだの病理　木村　敏

分裂病、対人恐怖症等〈自己〉の保全に関わる危機の原因を自己と他者との〝あいだ〟に探るという独自の方法を通して、西洋近代の実体的自己に換わる全く新しい自己像を打ち出す。（解説　八木暉雄）

750円

12 幻の王朝から現代都市へ　●ハイ・イメージの横断　吉本隆明

著者近年のテーマであるハイイメージ論を駆使して古代史の謎を洗い直すとともに、自然史的発展を越えて進む現代都市の構造をも鋭く解析した、画期的にして壮大なイメージ論。（解説　鈴木　亙）

500円

13 ミミズと河童のよみがえり　●柳川堀割から水を考える　広松　伝

渇水、水道汚染、地盤沈下――現代の深刻な水危機の中、行政と住民一体の堀割再生という柳川の奇跡的な実践を通して、いまこそ水とつき合い水を生かすことの重要さを訴える。（解説　坂本紘二）

750円

14 映画からの解放　●小津安二郎「麦秋」を見る　蓮實重彦

映画の文法に亀裂と破綻を呼びこんでいった「小津映画」という事件を通して、共同体が容認する物語＝イメージの抑圧からいかなる解放が可能かをスリリングに解き明かす。（解説　石原　開）

750円

15 言葉・文化・無意識　丸山圭三郎

ソシュールの原典の徹底的読みと検証を通して実体論的言語学を根底から覆した著者が、言葉が主体を離れて自己増殖をとげる深層意識に光をあて、〈文化〉発生の磁場を探る。（解説　山本　啓）

680円

河合ブックレット

16
近代をどうとらえるか
三島憲一

マルクス、アドルノ、ハイデガー、リオタールなど、これまでの近代批判の諸類型の考察と再検討を通して、近代を越える独自の道を近代の力の中に模索した意欲的な脱近代論。（解説　高橋義人）

680円

17
ファッションという装置
鷲田清一

世界という意味＝現象の中から〈私〉という存在はどのように析出されその輪郭を際だたせていくか――身近なファッションから思いがけなく存在の謎に迫った刺激的なモード考。（解説　竹国友康）

750円

18
小田実の英語50歩100歩
●「自まえの英語」をどうつくるか
小田　実

美しい英語よりも「自まえの英語を」――さまざまな英語体験をもった著者が大胆かつ明快に語る英語学習の核心。「思考のふり巾を広げる」ことをめざしたユニークな外語教育論。（解説　古藤　晃）

505円

19
古代史は変わる
森　浩一

古代史研究に常に斬新なゆさぶりをかけ続ける著者が、河内というローカルな地点を切り口に、古代日本の謎に満ちた姿を縦横に語った古代史研究の面白さと意味を満載した本。（解説　井沢紀夫）

505円

20
ペシャワールからの報告
●現地医療現場で考える
中村　哲

アジアの辺境ペシャワールでらい治療に携わる医師が、異文化の中で生き学びながら、上げ底の海外援助を問うとともに、医療とは何か生きることとは何かを原点から問い直す。（解説　福元満治）

505円

21 半生の思想　最首悟

現実の矛盾とねじれをどこまでも生き抜く方法としての〝中途半端〟の思想を通して、大学闘争、水俣、科学、自己、と近代の軸に関わる問題に生活の深みから迫ったユニークな思想論。（解説　大門卓）

505円

22 ヨーロッパ史をいかに学ぶか　阿部謹也

独自の西洋中世史研究で名高い著者が、自らの足許と異文化とを往還的に照らし出す作業を通して、ヨーロッパという異文化が投げかける意味と光を重層的に読み開いた魅力の書。（解説　柴山隆司）

750円

23 世界のなかの日本映画　山根貞男

映画を作る側と観る側の境界線上に身を置き、その独自の評論でどちらの側をも挑発してやまない著者が、映画を純粋に映画として観ることの輝きと豊かさを、愛をこめて語る。（解説　石原開）

680円

24 世紀末世界をどう生きるか　鈴木邦男
●「新右翼」の立場から

日本的エートスにこだわりながら「言論の自由」を貫徹するという、民族主義・近代主義の両方を乗り越えた著者が、混迷の度を深める世紀末世界を若者を軸に明快に読み解く。（解説　牧野剛）

680円

25 海から見た日本史像　網野善彦
●奥能登地域と時国家を中心として

「日本島国論」「稲作中心史観」の上に成立してきた従来の日本史像を、海によって栄えた奥能登・時国家への実証的研究と厳密な調査によって転換し、真の日本史像を構築する。（解説　外信也）

680円

31

2001年地球の旅《グレートジャーニー》

●「進歩」はヒトに何をもたらしたのか

関野吉晴

南米最南端からユーラシア大陸を経てアフリカの人類発祥の地へと、化石燃料を使わずに人力のみで遡行したグレートジャーニー。現代文明を撃つその壮大な旅の中間報告。（解説　牧野　剛）

750円

32

歴史のなかの文学・芸術

●参加の文化としてのファシズムを考える

池田浩士

未曾有の暴力と殺戮を展開した20世紀ファシズム。その淵源は民衆の参加にある──現代大衆社会の文学・芸術を鋭く読み直し、〈近代〉の正嫡としてのファシズムの意味を問い直す。（解説　栗原幸夫）

750円

33

9・11以後　丸山真男をどう読むか

菅　孝行

西欧近代の暴力がむき出しにされた9・11以後の新たな世界状況の中で、丸山の可能性と限界を的確に再吟味しながら、彼の現代的・実践的意味を鋭く突き出した画期的な丸山論。（解説　太田昌国）

750円

34

戦後日本から現代中国へ

●中国史研究は世界の未来を語り得るか

谷川道雄

中国史を貫く官民二元構造を軸に、「党」と市場が並存する現代中国の構造的矛盾に光を当て、自らの個人史と戦後史そして中国史研究の往還的吟味の中で、中国の行方を鋭く問う。（解説　山田伸吾）

750円

35

アートを通した言語表現

●美術と言葉と私の関係

宮迫千鶴

類まれな画家にしてエッセイストだった宮迫千鶴が、自由を求めて学校と闘った異端の少女の自立の過程を柔らかな言葉で語った感動の自伝的エッセイ。彼女の魅力の原点に迫る。（解説　谷川晃一）

750円

河合ブックレット

36 **新たなグローバリゼーションの時代を生きて** 太田昌国

新たな貧困と格差、不平等を生み出し続ける新自由主義経済。ゲバラの先駆的な思想の再吟味を通して、人間らしい世界の構築をめざした鋭い反グローバリゼーション論。（解説　廣瀬　純）

750円

37 **福島原発事故**
●原発を今後どうすべきか
小出裕章

原子力研究の内部から原発廃絶を一貫して訴えてきた著者が、差別の構造を孕んだ原発問題の軸を根底的に抉り、延べ3時間に及ぶ予備校生の問いに答え切る。（解説　青木裕司）

900円

38 **伊豆高原アートフェスティバルの不思議** 谷川晃一

ゴルフ場建設反対運動から生み出され、芸術家とアマチュアの境界線を越境して続けられるわが国唯一の個性的なアートフェスについて、生みの親である著者が愛を込めて語る。（解説　安藤礼二）

750円

39 **国家神道と戦前・戦後の日本人**
●「無宗教」になる前と後
島薗　進

「万世一系」の天皇像を基に近代に創作された「国家神道」。戦後公的に廃止されながら今もこの国の深い所で脈々と生き永らえるこの日本独自の国家宗教を鋭く洗い直す。（解説　菅　孝行）

800円

40 **グローバル資本主義の破局にどう立ち向かうか**
●市場から連帯へ
斉藤日出治

現在の貧困と格差、環境破壊、テロなど深刻な社会矛盾を引き起こす新自由主義＝グローバル資本主義の問題点を鋭く説き明かすとともに、市場を越えた新たな連帯の道を考える。（解説　青木和子）

900円

41

三・一一以後の科学・技術・社会

野家啓一

豊かさの源泉だったはずの科学技術はなぜ地球温暖化や放射能汚染、自然破壊などの深刻なリスクの元凶になったか。近代科学を問い直すことを通して、科学技術のコントロールを考える。(解説　宮坂和男)

900円